30 MÖGLICHKEITEN, SICH ZU FÜHREN

Verändern Sie Ihr Leben für immer

VON PAUL WALTON

Inhalt

EINLEITUNG

Die Realität über Menschen ohne Persönlichkeit

Eine Persönlichkeit ist ein unverwechselbarer Stil des Denkens, Fühlens und Handelns. Persönlichkeit umfasst Stimmungen, Einstellungen und Meinungen und zeigt sich am deutlichsten in zwischenmenschlichen Interaktionen. Es besteht aus angeborenen und erworbenen Verhaltensmerkmalen , die eine Person von einer anderen unterscheiden und sich in den Interaktionen der Menschen mit ihrer Umgebung und sozialen Gruppe bemerkbar machen.

Es gibt zahlreiche Definitionen des Begriffs Persönlichkeit, aber als psychologisches Konstrukt haben sich zwei Hauptbedeutungen herauskristallisiert. Die Persönlichkeitsforschung konzentriert sich auf die Definition und Erklärung allgemein stabiler menschlicher psychologischer Eigenschaften. Die zweite Bedeutung betont jene Eigenschaften, die alle Menschen gleich machen und die den psychologischen Menschen von anderen Spezies unterscheiden; es weist den Persönlichkeitstheoretiker an, bei allen

Menschen nach jenen Mustern zu suchen, die die Natur des Menschen sowie die Faktoren definieren, die den Lauf des Lebens prägen. Diese Dualität kann helfen, die zwei Richtungen zu erklären, die Persönlichkeitsstudien eingeschlagen haben: das Studium immer spezifischerer Eigenschaften bei Menschen und die Suche nach der organisierten Gesamtheit psychologischer Funktionen, die das Zusammenspiel zwischen organischen und psychologischen Ereignissen innerhalb von Menschen und jenen sozialen und biologischen hervorhebt Ereignisse, die sie umgeben. Der duale Begriff der Persönlichkeit ist in den meisten der folgenden Fächer verflochten. Es sollte jedoch hervorgehoben werden, dass keine Definition der Persönlichkeit in der Branche allgemeine Zustimmung gefunden hat.

Das Studium der Persönlichkeit kann auf die grundlegende Vorstellung zurückgeführt werden, dass Individuen durch ihre charakteristischen individuellen Verhaltensmuster identifiziert werden – die charakteristische Art und Weise, wie sie sich bewegen, sprechen, ihren Lebensraum einrichten und ihre Triebe ausdrücken. Ungeachtet des Verhaltens untersuchen

Personologen , so die systematische Persönlichkeitsforschung, wie sich Menschen in ihren Ausdrucksformen unterscheiden und versuchen, die Ursachen dieser Abweichungen zu identifizieren. Obwohl andere Zweige der Psychologie viele der gleichen Funktionen und Prozesse untersuchen, wie Aufmerksamkeit, Denken und Motivation, konzentriert sich der Personologe darauf, wie diese vielen Funktionen und Prozesse interagieren, um jedem Individuum eine einzigartige Identität oder Persönlichkeit zu verleihen. Die systematische psychologische Erforschung der Persönlichkeit ist aus einer Vielzahl von Quellen hervorgegangen, darunter psychiatrische Fallstudien, die sich auf bedrängte Leben konzentrierten, Philosophie, die die Natur des Menschen untersucht, Physiologie, Anthropologie und Sozialpsychologie.

1. Legen Sie sich auf Ihr Sterbebett

Als ich vor vielen Jahren mit einer Psychologin zu tun hatte, führte sie mich durch ihre „Totenbett"-Übung.

Ich wurde angewiesen, mir vorzustellen , wie ich auf meinem eigenen Sterbebett liege, und

die Emotionen zu verstehen, die mit dem Sterben und dem Abschied verbunden sind.
Dann forderte sie mich auf, die bedeutenden Personen in meinem Leben nacheinander an mein Bett einzuladen. Als ich mir vorstellte, dass jeder Freund und Verwandte zu mir kommen würde, musste ich laut sprechen. Ich musste ihnen meine letzten Wünsche übermitteln, während ich im Sterben lag.
Als ich mit jedem einzelnen sprach, konnte ich spüren, wie sich meine Stimme verschlechterte. Ich konnte mir das Weinen nicht verkneifen. Mir standen Tränen in den Augen. Ich fühlte so ein tiefes Gefühl des Verlustes. Ich trauerte nicht um mein eigenes Leben, sondern um die Liebe, die ich verlor. Genauer gesagt war es ein Liebesbeweis, den es nie gegeben hatte.
Während dieser herausfordernden Tätigkeit wurde mir klar, wie viel ich aus meinem Leben ausgelassen hatte. Wie viele schöne Gefühle hatte ich zum Beispiel in Bezug auf meine Kinder, die ich nie richtig ausgedrückt hatte.
Am Ende der Aktivität war ich ein emotionales Wrack. Ich hatte selten in meinem Leben solche Tränen vergossen. Aber als diese Emotionen nachließen, geschah etwas Schönes. Ich war klar. Ich war

mir bewusst, was wirklich wesentlich war und wer mir am wichtigsten war. Endlich wurde mir klar, was er meinte, als er sagte: **„Der Tod kann spannender sein als das Leben."**

Ich versprach, nach diesem Tag nie wieder etwas dem Zufall zu überlassen. Ich habe mir vorgenommen, nichts ungesagt zu lassen. Ich wollte so leben, als könnte ich jederzeit zugrunde gehen. Der gesamte Vorfall veränderte meine nachfolgenden Interaktionen mit anderen. Die Bedeutung der Übung ist mir nicht entgangen: Wir müssen nicht warten, bis wir dem Tod wirklich nahe sind, um die Freuden des Sterblichseins zu ernten. Wir können die Erfahrung generieren, wann immer wir wollen.

Ein paar Jahre später, als meine Mutter in einem Krankenhaus in Tucson im Sterben lag, eilte ich zu ihr, um ihr die Hand zu drücken und meine Dankbarkeit für alles auszudrücken, was sie für mich getan hatte. Als Mama schließlich starb, war meine Trauer tief, aber kurz. Innerhalb weniger Tage hatte ich das Gefühl, dass alles Wunderbare an meiner Mutter in mich eingedrungen war und immer dort wohnen würde.

Anderthalb Jahre vor dem Tod meines Vaters begann ich, ihm Briefe und Gedichte über seinen Einfluss auf mein Leben zu schicken. In den letzten Monaten seines Lebens war es oft schwierig, mit ihm persönlich zu kommunizieren und ihn zu überzeugen, da er von einer schweren Krankheit heimgesucht wurde. Aber es hat mich immer gefreut, dass er solche Briefe und Gedichte lesen konnte. Einmal, nachdem er von mir ein Gedicht zum Elterntag erhalten hatte, rief er mich an und sagte: "Hey, ich glaube, so ein mieser Vater war ich doch nicht."

Paul Walton in Höhlen", schrieb er, „dann wird die Liebe ihren Ursprung in den dunkelsten Tiefen der Hölle enthüllen."

So zu tun, als würdest du nicht sterben, mindert deine Lebensfreude. Es ist genauso schädlich, wie ein Basketballspieler, der annimmt, dass das Spiel, das er spielt, kein Ende hat, schlecht wäre. Dieser Spieler würde seine Intensität verringern, einen schlampigen Spielstil entwickeln und unweigerlich keinerlei Freude daran haben. Ohne Schluss gibt es kein Spiel. Ohne das Bewusstsein der Sterblichkeit ist es unmöglich, das Geschenk des Lebens wirklich zu schätzen.

2. Erfinden Sie eine Lüge, von der Sie wissen, dass sie falsch ist

Als meine Tochter in der Mittelschule war, mussten sie und ihre Klassenkameraden ein „falsches Gedicht" verfassen, in dem sie ihre eigenen Tugenden für eine Gedichtlesung preisen.

Sie wurden angewiesen, die Realität zu verschönern, um sich erstaunlich klingen zu lassen. Als ich mir die Gedichte anhörte, erkannte ich, dass die Kinder unbewusst etwas Ähnliches taten wie Arnold, um seine Zukunftsvision zu verbessern. Sie konstruierten eine idealisierte Version von sich selbst, indem sie sich selbst „belogen" hatten.

Es ist bemerkenswert, dass öffentliche Schulen so von den Motivationsquellen individueller Leistung und persönlichem Erfolg abgekoppelt sind, dass sie die Schüler bitten müssen, zu „lügen", um die Kinder einzuladen, selbst grandiose Visionen auszudrücken.

In Wirklichkeit haben die meisten von uns keine Ahnung, was für eine Person wir werden könnten. Die Kinder an der Schule meiner Tochter haben eine unbeabsichtigte Antwort auf dieses Problem gefunden: Wenn Sie Schwierigkeiten haben, sich Ihr eigenes Potenzial vorzustellen, versuchen Sie, wie sie es in Form einer Fantasie darüber zu schreiben. Um zu werden, wer Sie sein wollen, stellen Sie sich dort vor. Unterbewusst haben Sie keine Ahnung, dass Sie sich Dinge einbilden.

Sie werden bald damit beginnen, den Plan zu skizzieren, den Sie benötigen, um Ihre Erfolge zu vervielfachen. Du kannst nicht dein bestes Selbst werden, wenn du kein mentales Bild davon hast, wer du sein möchtest. Um erfolgreich zu sein, tun Sie so, als wären Sie es bereits. Mit der Zeit wird die Unwahrheit als Tatsache akzeptiert.

3. Wie Sie Ihre Existenz vereinfachen

Wenn Sie daran interessiert sind, Ihr Leben zu vereinfachen, ist dies eine hervorragende Einführung.

Für die Zyniker, die behaupten, die folgende Liste sei zu lang, gibt es nur zwei Möglichkeiten, sie zu kürzen:

1. Bestimmen Sie, was für Sie am wichtigsten ist.

2. eliminieren Sie alle anderen Optionen .

Offensichtlich ist das nicht wirklich nützlich, wenn Sie nicht sehen, wie Sie es auf verschiedene Aspekte Ihres Lebens anwenden können, deshalb stelle ich Ihnen die Lange Liste zur Verfügung.
Es kann keine allumfassende Schritt-für-Schritt-Anleitung zur Vereinfachung Ihres Lebens geben, aber ich habe eine Liste mit Vorschlägen zusammengestellt, die für jeden hilfreich sein sollten, der nach einer einfacheren Existenz strebt. Nicht jeder Ratschlag wird für Sie funktionieren; Wählen Sie diejenigen aus, die Sie ansprechen und auf Ihr Leben anwenden.
Diese Liste wird als zu kompliziert kritisiert werden, insbesondere weil sie zahlreiche Verbindungen enthält. Machen Sie sich um all das keine Sorgen. Wählen Sie eine nach der anderen aus und konzentrieren Sie sich darauf. Wenn Sie damit fertig sind, fahren Sie mit der nächsten Aufgabe fort.

Erstellen Sie eine Liste mit Ihren vier bis fünf wichtigsten Artikeln

Was ist Ihnen am wichtigsten? Was schätzen Sie am meisten? Welche vier bis fünf Dinge möchten Sie am liebsten im Leben erreichen? Der Vereinfachungsprozess beginnt mit diesen Prioritäten, wenn Sie versuchen, in

Ihrem Leben Platz zu schaffen, damit Sie mehr Zeit dafür haben.

2. Bewerten Sie Ihre Verpflichtungen

Berücksichtigen Sie alles, was in Ihrem Leben vor sich geht, einschließlich Arbeit, Zuhause, Aktivitäten für Kinder, Hobbys, Nebenbeschäftigungen und persönliche Projekte. Überlegen Sie, welche davon den größten Wert bietet und welche Aktivitäten Ihnen am besten gefallen.

Welche davon stimmen mit den vier oder fünf wichtigsten Punkten überein, die Sie aufgelistet haben? Löschen Sie die Elemente, die nicht mit diesen übereinstimmen.

3. Bewerten Sie Ihre Zeit

Wie verbringst du deine Zeit? Was machst du zwischen dem Aufwachen und dem Zubettgehen?

Erstellen Sie eine Liste und bewerten Sie, ob die Punkte mit Ihren Prioritäten übereinstimmen oder nicht. Wenn nicht, streichen Sie das Unwesentliche und konzentrieren Sie sich auf das Wesentliche. Strukturieren Sie Ihren Tag neu.

4. Arbeitsaufgaben vereinfachen

Unser Arbeitstag besteht aus einer endlosen Liste von Aufgaben. Wenn Sie einfach versuchen, alles auf Ihrer To-Do-Liste zu erledigen, werden Sie nie alles erledigen, und noch schlimmer, Sie werden nie die wesentlichen Aufgaben erledigen. Konzentrieren Sie sich auf die wichtigsten Dinge und entfernen Sie den Rest.

5. Was fehlt deinem Leben?

Was fehlt in Ihrem Leben, was Sie daran hindert, es in vollen Zügen zu leben? Finden Sie heraus, welche Elemente Ihres Lebens sofortige Aufmerksamkeit erfordern und was Sie brauchen, um das Leben zu führen, das Sie sich wünschen, indem Sie die KOSTENLOSE Lebensanalyse machen.

6. Vereinfachen Sie die häuslichen Pflichten

Betrachten Sie in diesem Sinne alles, was Sie zu Hause tun. Gelegentlich ist unsere To-Do-Liste für Zuhause genauso lang wie unsere To-Do-Liste für die Arbeit, und wir werden beide niemals abschließen. Priorisieren Sie die wichtigsten Aufgaben und suchen Sie nach Möglichkeiten, den Rest zu beseitigen (automatisieren, eliminieren, delegieren oder Hilfe einstellen).

7. Begrenzen Sie Ihre Optionen

Ein Teil des einfachen Lebens besteht darin, die Anzahl der täglichen Entscheidungen zu reduzieren, die Sie treffen müssen. Einige Waren können wirklich überflüssig sein. Überprüfen Sie Ihre To-Do-Liste sorgfältig, streichen Sie unwichtige Punkte und sehen Sie, ob Sie ähnliche Aufgaben zusammenfassen können. Eine lange To-Do-Liste kann überwältigend sein; Denken Sie daran, dass unsere Energie begrenzt ist.

8. Zeitabschnitte

Als Unternehmer gibt es Zeiten, in denen Zeitluxus eher ein Fluch als ein Segen ist. Legen Sie Ihre Arbeitszeiten fest, insbesondere wenn es darum geht, bestimmte Aufgaben zu erledigen.

Wenn Sie Ihren Zeitplan blockieren oder Zeitlimits für bestimmte Aufgaben festlegen, bleiben Sie auf Kurs, ohne von externen Ablenkungen angelockt zu werden. Dies ist ein großartiger Ansatz, um Ihr tägliches Leben zu vereinfachen, indem Sie Ihr Gehirn wissen lassen, wann es Zeit zum Arbeiten und wann es Zeit zum Entspannen ist.

9. Treffen Sie die Vorbereitungen am Vorabend

Bereiten Sie Ihre Waren am Vorabend vor, um unerwünschte Aufgaben zu eliminieren. Auch wenn Sie morgens vielleicht 10

Minuten brauchen, um Ihre Arbeitsmaterialien zu organisieren , warum tun Sie es nicht am Vorabend und nutzen die zusätzliche Zeit, um zu meditieren oder die Zeitung zu lesen? Die Verbesserung Ihres Zeitmanagements ist unerlässlich, um Ihr Leben zu vereinfachen.

10. Legen Sie Ihr Tempo fest

Jeden Morgen treffen wir eine bewusste Entscheidung über unser Tagestempo. Stellen Sie sich eine Zeit vor, in der Sie zu spät zur Arbeit kamen und sich genervt und überfordert fühlten.

Ihre Aktionen und Reaktionen interagieren wie Dominosteine, um Ihre Schwingungen entweder zu erhöhen oder zu verringern. Wenn Sie einen schrecklichen Tag haben, ist dies normalerweise das Ergebnis einer Sache, die zur anderen führt, und so weiter.

Indem Sie Ihr Tempo bewusst steuern, haben Sie die Möglichkeit, jederzeit zurückzutreten und zurückzusetzen. Beginnen Sie den Tag auf dem richtigen Fuß, indem Sie bewusst entscheiden, wie er sich entwickeln wird.

11. Bestimmen Sie, was für Sie am besten funktioniert

Es gibt zahlreiche Methoden zum Ausgleichen von Bankkonten. Was für Sie funktioniert, funktioniert möglicherweise nicht für jemand anderen, und das Schöne an moderner Technologie ist die Fülle an leicht verfügbaren Anwendungen für Ihren Computer oder Ihr Mobilgerät.

12. Sorgen Sie sich nur, wenn es nötig ist

Dies erfordert etwas Übung . Wenn wir uns unserer Gedanken nicht bewusst sind, können uns unsere Ängste den ganzen Tag verfolgen.

Wenn die Gedanken zu kollabieren beginnen, gibt es Methoden, um proaktiv zu sein, wie z. B. sich Zeit zu nehmen, um sich Sorgen zu machen und sich nur Sorgen zu machen. Sie werden erkennen, wie viel Zeit und Energie darauf verwendet wird, sich über bestimmte Themen Gedanken zu machen, und wie häufig einige dieser Ängste auftreten können. Egal, ob Sie 5 oder 15 Minuten Zeit haben, nutzen Sie diese Zeit, um Ihre Bedenken anzusprechen, und lassen Sie sie dann hinter sich, wenn die Zeit abgelaufen ist.

13. Beschränken Sie Ihre Registerkarten

Es ist an der Zeit, Ihren aktuellen Browser zu überprüfen. Wie viele Tabs haben Sie derzeit geöffnet?

Lassen Sie nicht mehr als vier Registerkarten zu jeder Zeit geöffnet. Wenn Sie etwas lesen möchten, sollten Sie die Seite mit einem Lesezeichen versehen und dann den Tab schließen.

Das Eliminieren unnötiger Registerkarten ist eine Methode, um die Aufmerksamkeit auf die anstehende Aufgabe zu lenken.

14. Betrachten Sie Hörbücher und Podcasts.

Wollten Sie schon immer ein bestimmtes Buch lesen, hatten aber keine Zeit?

Sie können Hörbücher auf dem Weg zur Arbeit oder sogar im Fitnessstudio anhören. Heutzutage gibt es Hörbücher und Podcasts für fast jedes Thema, einschließlich Selbstverbesserung, Finanzen, Kochen und sogar Astrologie.

Ändern Sie Ihre Routine, indem Sie sich auf ein Programm einstellen, und lernen Sie dabei etwas Neues. Es ist eine großartige Methode, um Ihr Leben zu rationalisieren und zeitbewusst zu sein.

Dies ist eine der wichtigsten Praktiken für Personen, die versuchen, ihr Leben zu vereinfachen. Wenn Sie nicht nein sagen können, werden Sie sich selbst überfordern.

15. Beschränken Sie Ihre Kommunikation

Unser heutiges Leben ist mit einer Fülle von Kommunikationskanälen gefüllt, darunter E-Mail, Instant Messaging, Mobiltelefone,

Druckpost, Skype, Twitter und Foren. Es kann Ihren ganzen Tag einnehmen, wenn Sie es zulassen.

Schränken Sie stattdessen Ihre Kommunikation ein: Rufen Sie Ihre E-Mails nur zu bestimmten Tageszeiten und für eine begrenzte Zeit ab. Telefonanrufe auf bestimmte Zeiten beschränken. Erstellen Sie einen Zeitplan und halten Sie sich daran.

16. Reduzieren Sie den Medienkonsum

Die Medien in unserem Leben, einschließlich Fernsehen, Radio, Internet und Zeitschriften, können wachsen und alles andere dominieren. Lass es nicht. Begrenzen Sie Ihren Informationsverbrauch, um Ihr Leben zu vereinfachen.

Die Begrenzung der Bildschirmzeit fördert die körperliche Aktivität. Es ist leicht, sich in der endlosen Welt der Nachrichten, eingehenden E-Mails und Unterhaltung zu verlieren, aber der Schlüssel liegt darin, Ihre digitalen Informationen effizient zu nutzen. Die Verwendung der Zwei-Minuten-Regel und die Kontrolle Ihrer E-Mails werden Ihr Leben vereinfachen.

Lesen Sie beispielsweise Ihre Posteingangsnachricht und stellen Sie fest, ob eine Aktion erforderlich ist. Wenn die

Aktion zwei Minuten dauert, führen Sie sie sofort aus. Wenn die Aktion länger als zwei Minuten dauert, sollte die Nachricht in einem bestimmten Ordner gespeichert werden. Diese einfachen Techniken verhindern, dass Ihr Posteingang überfüllt wird.

17. Hör auf, Dinge zu verkomplizieren

Wenn es darauf hinausläuft, ist das Leben ziemlich einfach. Perfektion ist eine Illusion, und als Folge davon werden wir weniger effizient und effektiv, wenn wir danach streben.

Verlieren Sie sich nicht in den Details; Überlegen Sie stattdessen, ob sie von Bedeutung sind. Einige der besten Ideen haben eine klare Botschaft; deshalb sollten Sie es „einfach tun".

18. Anpassungsfähig sein

Lebenspläne und Zeitplananpassungen können jederzeit erfolgen. Der einfachste Weg, sein Leben zu vereinfachen, besteht darin, zunächst zu lernen, sich an Veränderungen anzupassen und auf jeder Welle zu reiten, wie sie kommt.

Flexibel zu sein bedeutet auch, das Unerwartete zu antizipieren. Starten Sie Ihren Notfallfonds, sobald Sie anfangen,

Geld zu verdienen, und zahlen Sie Ihre Kreditkarte so schnell wie möglich aus.

19. Löschen Sie Ihre Sachen

Wenn Sie ein Wochenende damit verbringen können, unerwünschte Gegenstände zu entsorgen, werden Sie sich unglaublich gut fühlen. Besorgen Sie Kisten und Müllsäcke für die Gegenstände, die Sie spenden oder entsorgen möchten.

20. Befreien Sie sich von großen Objekten

Es gibt viele kleine Unordnung in unserem Leben, aber wenn Sie mit den großen Objekten beginnen, werden Sie Ihr Leben schnell und erheblich vereinfachen.

21. Ändern Sie Ihre Räume

Entfernen Sie in einem Raum nach dem anderen überflüssige Gegenstände, indem Sie im Raum herumgehen. Übernehmen Sie die Rolle eines Zeitungsredakteurs, lassen Sie nur das Nötigste übrig und entfernen Sie alles andere.

22. Ändern Sie Schränke und Schubladen

Nachdem Sie die Hauptbereiche Ihres Schlafzimmers in Angriff genommen haben, greifen Sie die Schränke und Schubladen ein Regal oder eine Schublade nach der anderen an.

23. Optimieren Sie Ihren Kleiderschrank

Ist Ihr Kleiderschrank überfüllt? Sind Ihre Kommodenschubladen so voll, dass sie sich nicht schließen lassen? Beseitigen Sie Gegenstände aus Ihrem Kleiderschrank, die Sie nie tragen, um ihn zu vereinfachen. Erwägen Sie, eine minimalistische Garderobe zu entwickeln, indem Sie einfache Stile und ein paar komplementäre Volltonfarben betonen .

24. Vereinfachen Sie Ihre Computererfahrung

Ziehen Sie Online-Computing in Betracht, wenn Sie mit zu vielen Dateien und zu viel Unordnung zu kämpfen haben. Es kann die Dinge erheblich vereinfachen.

25. Räumen Sie Ihr digitales Durcheinander auf

Wenn Sie Ihr digitales Durcheinander nicht regulieren können, während Sie ein digitaler Hamsterer sind, gibt es immer noch Hoffnung für Sie.

26. Erstellen Sie eine Einfachheitserklärung

27. Begrenzen Sie Ihre Kaufgewohnheiten

Es gibt Möglichkeiten, Materialismus und Konsumismus zu überwinden, um Ihr Leben zu vereinfachen, wenn Sie ein Gefangener davon sind. Wenn Sie den Materialismus überwinden können, können Sie die Gewohnheit entwickeln, weniger Artikel zu kaufen. Dies führt zu weniger Besitz, weniger Ausgaben und weniger hektischem Verhalten .

28. Freigabezeit

Finden Sie Strategien, um Zeit für das Wesentliche zu schaffen. Dies erfordert die Beseitigung der Dinge, die Sie nicht mögen, die Reduzierung von Zeitverschwendung und die Schaffung von Platz für die Aktivitäten, die Ihnen Spaß machen.

29. Amüsieren Sie sich

Sobald Sie etwas Zeit frei haben, sollten Sie diese Aktivitäten widmen, die Ihnen Spaß machen. Kehren Sie zu Ihrer Liste mit vier bis fünf wesentlichen Elementen zurück. Führen Sie nur diese Aktionen aus.

30. Verbringen Sie Zeit mit Ihren Lieben

Auch hier enthält die Liste der vier bis fünf wesentlichen Elemente wahrscheinlich einige der Personen, die Sie lieben (wenn nicht, sollten Sie sie vielleicht neu bewerten). Egal , ob es sich um einen Ehepartner, einen Partner, Kinder, Eltern, andere Familienmitglieder, beste Freunde oder sonst jemanden handelt, nehmen Sie sich Zeit, um

Aktivitäten durchzuführen, zu kommunizieren und mit ihnen intim zu sein.

31. Verbringen Sie Zeit mit sich selbst

Obwohl sich manche Menschen mit Einsamkeit unwohl fühlen, ist Zeit allein von Vorteil. Sich an die Stille zu gewöhnen und Platz für Ihre innere Stimme zu schaffen, kann Übung erfordern . Es mag neuzeitlich klingen , aber es ist unglaublich beruhigend. Und diese Einsamkeit ist entscheidend für die Bestimmung dessen, was Ihnen wichtig ist.

32. Essenszubereitung

Die Zubereitung von Mahlzeiten muss nicht schwierig oder komplex sein. Eine oder zwei Mahlzeiten im Voraus zuzubereiten, kann viel Stress abbauen und Geld sparen. Einige grundlegende und unkomplizierte Optionen umfassen das Verdoppeln eines Rezepts oder die Verwendung von Gläsern, um Frühstücke zuzubereiten, die einfach zu greifen und zu gehen sind.

Wenn die Entscheidung, was Sie jeden Abend zum Abendessen essen möchten, Sie oder Ihre Familie stresst, sollten Sie einen wöchentlichen Speiseplan entwickeln. Planen Sie einfache Abendessen für eine Woche, legen Sie für jeden Abend der Woche

ein Abendessen fest und kaufen Sie die notwendigen Vorräte ein.
Jetzt wissen Sie, was es jeden Abend zum Abendessen gibt, und haben alle erforderlichen Vorräte. Finden Sie Rezepte, die in zehn bis fünfzehn Minuten oder weniger (oder weniger) zubereitet werden können. Diese Mahlzeitenplanungsanwendungen werden Ihnen nützlich sein.

33. Langsam konsumieren

Wenn Sie Ihre Mahlzeit mit Gewalt in den Hals schlucken, verlieren Sie nicht nur den köstlichen Geschmack , sondern ernähren sich auch ungesund. Verlangsamen Sie, um die Verdauung zu verbessern, Gewicht zu reduzieren und das Leben mehr zu genießen.

34. Fahren Sie sehr langsam

Die meisten Autofahrer rasen durch den Verkehr, hupen, werden wütend, genervt und gestresst und gefährden dabei andere. Langsamer zu fahren ist nicht nur sicherer, sondern auch umweltschonender und gelassener.

35. Seien Sie präsent

Diese beiden Wörter können einen erheblichen Einfluss auf Ihre Bemühungen haben, Ihr Leben zu vereinfachen. Im gegenwärtigen Moment zu leben hält dich des Lebens bewusst, was um dich herum und in dir geschieht. Es wirkt Wunder für Ihre geistige Gesundheit.

36. Vereinfachen Sie Ihren Lebensstil

Wir leben häufig mit komplexen, ungeplanten Systemen, weil wir uns keine Gedanken darüber gemacht haben. Vereinfachen, rationalisieren und dokumentieren Sie stattdessen ein System nach dem anderen (z. B. Ihr Wäschereisystem, Ihr Besorgungssystem, Ihr Papierkramsystem, Ihr E-Mail-System usw.). Dann halten Sie sich daran.

37. Erstellen Sie ein einfaches Dokumentationssystem

Ohne System sammelt sich dieses Material an. Eine unkomplizierte Organisationsstrategie sorgt für Ordnung und vereinfacht Ihr Leben.

38. Erstellen Sie ein einfaches System für die Hausarbeit

Ein zweites Beispiel für ein unkompliziertes System ist „Clean-as-you-go“ mit einem Burst.

39. Löschen Sie Ihren Arbeitsbereich

Ein unordentlicher Arbeitsplatz kann ablenkend und frustrierend sein. Dennoch ist ein aufgeräumter Schreibtisch nur ein paar einfache Verhaltensweisen entfernt.

40. Entwickeln Sie Routinen

Der Schlüssel zur Vereinfachung Ihres Lebens besteht darin, einfache Gewohnheiten zu etablieren.

41. Halten Sie Ihren E-Mail-Posteingang aufgeräumt

Ihr Posteingang ist mit ungelesenen und neuen Nachrichten überlastet. Stapeln sich die Texte einfach immer weiter? Wenn ja, sind Sie nicht allein; Sie könnten jedoch produktiver sein, und Ihr E-Mail-Leben könnte mit ein paar einfachen Schritten vereinfacht werden.

42. Lernen Sie, sparsam zu leben

Sparsam zu leben bedeutet, weniger zu kaufen, weniger zu begehren und einen geringeren ökologischen Fußabdruck zu hinterlassen. Es hat eine direkte Beziehung zur Einfachheit.

43. Gehen Sie minimalistisch

Ein minimalistisches Zuhause enthält nur das Wesentliche, daher ist es ein ausgezeichneter Ort, um mit der Vereinfachung Ihres Lebens zu beginnen. Es ist auch außergewöhnlich ruhig (ganz zu schweigen von der einfachen Reinigung). Du kannst auch Methoden finden, um Minimalismus in anderen Aspekten deines Lebens zu praktizieren.

44. Betrachten Sie eine kleinere Residenz

Wenn Sie Ihr Zuhause aufräumen, stellen Sie vielleicht fest, dass Sie nicht so viel Platz benötigen. Wenn Sie bequem in einem kleineren Haus leben können, ist es nicht nur billiger, sondern auch einfacher zu warten, und Ihr Leben wird viel einfacher.

Betrachten Sie ein kleineres Fahrzeug Dies ist eine bedeutende Änderung, aber wenn Sie ein riesiges Auto oder einen SUV haben, brauchen Sie vielleicht nicht so etwas Großes. Es ist teurer, gashungrig, schwer zu warten und schwer zu parken. Reduzieren Sie die Anzahl Ihrer Autos, um Ihr Leben zu vereinfachen.

Auch wenn Sie eine Familie haben, sollten Sie darauf abzielen, das kleinste Fahrzeug zu wählen, in dem Sie oder Ihre Familie bequem reisen können.

45. Lerne, was „genug" bedeutet

In der heutigen materialistischen Welt gibt es keine Grenzen für die Anhäufung von Besitztümern. Sicher, Sie können das neueste elektronische Gerät und zusätzliche Kleidung und Schuhe kaufen, aber wann haben Sie genug? Die Mehrheit der Menschen weiß es nicht und kauft daher weiterhin zusätzliche Artikel. Es ist ein endloser Kreis.

46. Stoppen Sie die Schleife

Stoppen Sie die Schleife, indem Sie bestimmen, wie viel ausreichend ist, und dann anhalten, wenn Sie diesen Punkt erreicht haben.

47. Essen Sie gesund

Es mag nicht offensichtlich sein, wie gesunde Ernährung mit Einfachheit zusammenhängt, aber bedenken Sie das Gegenteil: Wenn Sie ständig fettige, ölige, salzige, zuckerhaltige und frittierte Lebensmittel zu sich nehmen, wird Ihr langfristiger medizinischer Bedarf zweifellos steigen.

Stellen Sie sich zahlreiche Arztbesuche, Krankenhausaufenthalte , Apothekenbesuche, Therapien, Operationen und Insulininjektionen vor ... Sie haben das Bild. Ungesundheit ist kompliziert. Eine gesunde Ernährung vereinfacht das alles mit der Zeit erheblich.

48. Übung

Ähnlich wie gesunde Ernährung vereinfacht es auf Dauer das Leben, geht aber noch weiter: Bewegung baut Stress ab und hebt die Stimmung.

49. Entrümpeln Sie vor dem Organisieren

Viele Menschen machen den Fehler, einen überfüllten Schreibtisch, Aktenschrank oder Schrank zu organisieren . Leider ist das nicht nur herausfordernd, sondern hält die Dinge auch kompliziert. Das Verfahren kann vereinfacht werden, indem so viel Unordnung wie möglich entfernt wird, gefolgt von der Organisation . Wenn Sie genug Unordnung beseitigen, brauchen Sie nichts zu organisieren .

50. Haben Sie einen Ort für alles

Das ist eine uralte Weisheit und doch der beste Tipp, um nach dem Entrümpeln Ordnung zu halten.

51. Finden Sie Ihre innere Einfachheit

Das kann Zeit sein, die man damit verbringt, zu beten oder mit Gott zu kommunizieren, zu meditieren, Tagebuch zu führen, sich selbst kennenzulernen oder in der Natur zu sein. An seinem inneren Selbst zu arbeiten, egal mit welcher Methode, ist gut investierte Zeit.

52. Dekomprimieren Sie sich von der Spannung

In jedem Leben gibt es Spannungen; Egal wie sehr Sie Ihr Leben vereinfachen, Sie werden immer noch Stress erleben. Finden Sie nach dem Erleben von Stress Wege, um zu dekomprimieren und sich zu entspannen.

53. Versuchen Sie, ohne Auto zu existieren

Okay, ich habe das nicht getan, aber viele Leute haben es getan. Ich würde es tun, wenn ich keine Kinder hätte. Zu Fuß, mit dem Fahrrad oder öffentlichen Verkehrsmitteln. Das spart Kosten und gibt Zeit zum Nachdenken.

Ein Auto erfordert nicht nur Autozahlungen, sondern unter anderem auch Versicherung, Zulassung, Sicherheitsprüfungen, Wartung, Reparaturen und Benzin.

54. Finden Sie eine kreative Art, sich auszudrücken

Egal, ob durch Schreiben, Poesie, Malen, Zeichnen, Erstellen von Filmen, Entwickeln von Websites, Tanzen oder Skateboarden, wir alle haben den Wunsch nach Selbstdarstellung, und einen Weg zu finden, dieses Bedürfnis zu befriedigen, kann Ihr Leben viel befriedigender machen. Lassen Sie zu, dass dies einen erheblichen Teil der geschäftigen Arbeit ersetzt, die Sie aus Ihrem Leben streichen.

55. Vereinfachen Sie Ihre Ziele

Anstatt sechs oder mehr Ziele zu haben, reduzieren Sie die Zahl auf eins. Das wird nicht nur Ihre Anspannung abbauen, sondern auch Ihren Erfolg steigern. Sie werden in der Lage sein, all Ihre Bemühungen diesem einen Ziel zu widmen. Das verbessert Ihre Erfolgschancen erheblich.

56. Einzelaufgabe

Multitasking ist im Allgemeinen schwieriger, frustrierender und ineffizienter. Konzentrieren Sie sich stattdessen darauf, eine Aktivität nach der anderen zu erledigen, um Ihr Leben zu vereinfachen.

57. Vereinfachen Sie Ihre Einreichungsmethodik

Das Stapeln mehrerer Papiere ist unwirksam. Ein Dateisystem muss jedoch nicht anspruchsvoll sein, um nützlich zu sein.

58. Entwickle Gleichmut

Wenn jedes kleine Ereignis bei Ihnen Zorn oder Sorge auslöst, wird Ihr Leben möglicherweise nie einfach sein. Lerne Distanz und du wirst mehr Frieden haben.
Reduzieren Sie Ihre Exposition gegenüber Werbung Werbung weckt in uns Begehren nach Produkten. Dies ist seine beabsichtigte Funktion, und es funktioniert. Finden Sie

Techniken, um Ihre Werbepräsenz zu verringern. Sie werden viel weniger wollen.

60. Lebe mit größerer Überlegung

Erledige jede Aufgabe sanft, mit Leichtigkeit und mit deiner ganzen Konzentration.

61. Erstellen Sie täglich eine Liste der wichtigsten Aufgaben des Tages (MITs).

Setzen Sie sich tägliche Ziele für nur drei äußerst wichtige Aufgaben. Beginnen Sie den Tag nicht mit einer langen Liste von Aufgaben, die Sie wahrscheinlich nicht erledigen werden. Verwenden Sie eine einfache Liste mit drei Elementen, die Ihnen ein Erfolgserlebnis geben würden.

62. Erstellen Sie Morgen- und Abendroutinen

Das Erstellen von Morgen- und Abendritualen ist ein hervorragender Ansatz, um das eigene Leben zu vereinfachen.

63. Entwickeln Sie eine morgendliche Schreibroutine

Wenn Sie das Schreiben genauso schätzen wie ich, machen Sie es zu einem Ritual, das angenehm und produktiv ist.

64. Übe nichts zu tun

Nichts zu tun kann eine Kunstform sein, und Sie sollten sie täglich praktizieren , wenn Sie

Ihr Leben vereinfachen und schlechte Ideen ausmerzen möchten.

65. Lies Walden

Dieses Buch von Henry David Thoreau ist das definitive Werk zum Thema Vereinfachung und kann Sie dazu inspirieren, dasselbe zu tun.

66. Wählen Sie Qualität statt Quantität

Versuchen Sie, nicht zu viele Besitztümer zu haben. Besitzen Sie stattdessen nur wenige Gegenstände, die Sie wirklich schätzen und die lange halten werden.

67. Lesen Sie, wie Sie Ihr Leben vereinfachen können

Dieses Buch von Elaine St. James ist ein weiterer herausragender Text zum Thema Minimalismus.

68. Füllen Sie Ihren Tag mit einfachen Freuden

Erstellen Sie eine Liste Ihrer bevorzugten einfachen Freuden und integrieren Sie sie in Ihre tägliche Routine.

69. Optimieren Sie Ihre RSS-Feeds

Wenn Sie Dutzende oder mehr als hundert Feeds haben (wie ich es einmal getan habe), bereitet es Ihnen wahrscheinlich große

Sorgen, mit ihnen allen Schritt zu halten. Vereinfachen Sie das Lesen von Feeds.

70. Erstellen Sie einen pflegeleichten Garten

Pflanzen Sie zum Beispiel Klee anstelle von Gras, um das Mähen zu vermeiden.

71. Tragen Sie weniger Dinge

Sind Ihre Taschen geschwollen? Denken Sie daran, nur das Nötigste zu transportieren.

72. Bemühen Sie sich, Ihr Einkommen zu automatisieren

Das ist kein leichtes Unterfangen, aber es ist möglich (und gelungen). Darauf habe ich selbst hingearbeitet.

73. Optimieren Sie Ihr Budget

Viele Menschen vermeiden Budgetierung, weil sie es zu schwierig oder verworren finden, aber es kann Ihr Leben schließlich vereinfachen, indem es Ihnen ermöglicht, genau zu wissen, wann und wie viel Sie ausgeben müssen.

74. Vereinfachen Sie Ihre finanzielle Situation

Kontrollieren Sie Ihre Schulden, richten Sie eine automatische Rechnungszahlung ein und reduzieren Sie Ihre Kreditkarten auf eine.

75. Lernen Sie, minimal zu packen

Wer möchte mit viel Gepäck reisen?

76. Lassen Sie Platz um Ihre täglichen Aktivitäten herum

Unabhängig davon, ob es sich um Termine oder Aufgaben handelt, vermeiden Sie es, sie hintereinander zu planen. Lassen Sie etwas Abstand zwischen den Aufgaben, damit Sie Platz für Eventualitäten haben und sich den ganzen Tag über viel wohler fühlen.

77. Lebe näher an deinem Job

Dies kann bedeuten, dass Sie einen Arbeitsplatz in der Nähe Ihres Wohnortes suchen oder in die Nähe Ihres Arbeitsplatzes umziehen. Beide Optionen werden Ihr Leben erheblich vereinfachen.

Der Abschluss

Um zu lernen, wie Sie Ihr Leben vereinfachen können, wählen Sie einfach einige der oben genannten Tipps aus. Entdecken Sie, was für Sie am besten funktioniert. Eine optimierte Existenz wird letztendlich zu weniger Stress, mehr Zeit und größerer Zufriedenheit führen.

4. Setzen Sie Ihre berufliche Integrität aufs Spiel

Ein hohes Maß an Verantwortung bei der Arbeit oder die Arbeit in einem äußerst anspruchsvollen Sektor kann den Stress, den Sie im Job empfinden, erhöhen. Du willst es definitiv nicht müssen...

Jeder Job, insbesondere aber einer, der viel Zeit und Energie erfordert, wie z. B. Management oder ein besonders anspruchsvoller Arbeitsbereich, kann eine Quelle von Stress sein. Sie möchten nicht, dass Ihre Wut Probleme in Ihrem Privatleben, bei der Arbeit oder dem Ruf Ihres Unternehmens verursacht.

Es ist wichtig, Maßnahmen zu ergreifen, damit Sie jederzeit die Fassung bewahren, auch wenn Sie keine Probleme mit Wut haben. Die folgenden Ratschläge werden Ihnen helfen, Ihre Gefühle zu kontrollieren, damit sie Ihre Produktivität, Ihren Ruf oder Ihr Selbstwertgefühl nicht beeinträchtigen:

Bauen Sie etwas Spielraum ein.

Zeitmanagement ist der erste Schritt, um professionelle Gelassenheit zu bewahren. Sie können mit dem Druck nicht umgehen, aber es gibt Schritte, die Sie tun können, um zu verhindern, dass Sie darunter einrasten. Der unbesungene Held von Predictive Scheduling ist die Pufferzeit.

Gönnen Sie sich etwas Luft zwischen den Verpflichtungen, anstatt jede Stunde Ihres Zeitplans mit Besprechungen und Terminen zu füllen. Wenn Ihre Meetings in der Regel lange dauern oder wenn etwas dazwischenkommt, das Sie dazu zwingt, Ihre Pläne neu zu ordnen, ist diese Pufferzeit praktisch. Darüber hinaus hilft das Wissen, dass Sie etwas Luft zum Atmen haben, wenn Sie sich von Verpflichtung zu Verpflichtung bewegen, um zu verhindern, dass Sie sich in der Ausfallzeit zwischen den Terminen in Panik versetzen.

Planen Sie einige Backup-Aufgaben, die Sie ausführen können, wenn Ihr Tag reibungslos verläuft und Sie Ihre Pufferzeit nicht aufwenden müssen. In Ihrer Freizeit können Sie Ihre E-Mails abrufen oder Besprechungsnotizen überprüfen. Auf diese Weise können Sie Ihre Pufferzeit unabhängig von den Ergebnissen unvorhergesehener Ereignisse optimal nutzen.

2. Meditieren Sie und nehmen Sie einige langsame, tiefe Atemzüge.

Hören Sie mit dem auf, was Sie tun, und atmen Sie ein paar Mal tief durch, wenn Sie spüren, wie negative Emotionen aufsteigen. Ein klarerer Geisteszustand kann durch lange, ruhige Atemzüge erreicht werden. Emotionale Zustände führen oft zu vorschnellen Entscheidungen.

Es gibt zahlreiche Atemübungen, aber was wirklich zählt, ist zu lernen, Ihren Puls zu verlangsamen und alle Sorgen loszulassen, die Sie haben könnten. Der nächste Schritt besteht darin, selbst mehrere langsame, tiefe Atemzüge zu machen oder einer Video- oder Audioführung durch einige Übungen zu folgen.

Ähnliche Ergebnisse können durch die Praxis der Meditation erzielt werden, die häufig Atemübungen beinhaltet. Worte der Bestätigung, Mantras und andere mentale Tricks sind in der Meditation enthalten, um das geistige Wohlbefinden wiederherzustellen.

3. Entfernen Sie Ablenkungen

Eine kurze Pause kann etwaige Mängel in den Vorteilen von ein paar Minuten tiefer Atmung und Meditation ausgleichen. Während eine starke Arbeitsmoral lobenswert ist, ist es auch gesund, den ganzen Tag über regelmäßige Pausen einzulegen.

Ein paar kurze Pausen von 10 bis 15 Minuten und ein gesundes Mittagessen können Sie vor dem Ausbrennen bewahren und Ihnen die Ausdauer geben, Ihre gesamte Schicht durchzuarbeiten. Sieben Stunden fleißiger Einsatz sind immer besser als acht Stunden Herumstampfen.

Sich eine Pause zu gönnen, um seine Gedanken zu sammeln und zur Ruhe zu kommen, steigert nicht nur die Produktivität, sondern hilft auch, die Kontrolle über die eigenen Emotionen zu behalten. Sich etwas Zeit von einer stressigen Situation zu nehmen, kann Ihnen helfen, eine praktikable Antwort zu finden.

4. Entspannen Sie sich und genießen Sie eine Auszeit

Sich die ganze Woche über eine Auszeit zu nehmen, ist genauso wichtig wie Pausen während des Tages. Urlaub zu nehmen ist der springende Punkt, sie zu haben. Wenn Sie eine Pause von Ihrer normalen Routine einlegen, können Sie Ihren Geist erfrischen und aufgestaute Emotionen loslassen, die sich möglicherweise angesammelt haben.

Wenn Sie sich eine Auszeit von der Arbeit nehmen, planen Sie etwas Zeit für sich ein, um sich zu entspannen und neue Energie zu tanken. Gönnen Sie sich einen Tag im Spa, gönnen Sie sich etwas mehr Zeit im Bett oder machen Sie einen entspannenden Spaziergang im Park oder auf einem Naturlehrpfad, um Sonne und frische Luft zu tanken. Wenn Sie sich einsam fühlen oder einfach nur für eine Weile aus dem Büro kommen und mit anderen Menschen interagieren möchten, kann dies die perfekte Gelegenheit dazu sein.

Sie können während Ihres Urlaubs Dinge erledigen, z. B. ein neues Unternehmen gründen oder Ihr Zuhause putzen. Planen Sie unbedingt Zeit für Dinge ein, die Sie glücklich machen, sei es, sich mit Ihren Lieben zu treffen oder in der Natur spazieren zu gehen. Wenn Sie einen genauso stressigen Urlaub wie bei der Arbeit haben, werden Sie an Ihren Arbeitsplatz zurückkehren und sich schlechter fühlen als vor Ihrer Abreise.

5. Kommunizieren

Aufgrund der Verinnerlichung ihrer Probleme explodieren viele Menschen bei der Arbeit. Gefühle im Inneren zu halten, führt nirgendwo hin, außer zum emotionalen Zusammenbruch. Du solltest damit beginnen, deine Gefühle mit anderen Menschen zu teilen, lange bevor du anfängst, negative Emotionen wie Wut und Sorge zu erleben.

Wenn Sie feststellen, dass ein Kollege von Ihnen den Wasserspender nie wieder auffüllt, müssen Sie ihn weder Ihrem Chef noch den anderen Mitarbeitern melden. Lassen Sie sich von sogenannten „menschlichen Fehlern“ nicht stören, bis Sie die Fassung verlieren.

Lassen Sie die Dinge nicht überkochen, bevor Sie sie mit Ihrem Kollegen besprechen und versuchen, einen Weg zu finden, wie Sie beide mit dem Ergebnis zufrieden sein können.

Nachdem Sie das gelesen haben, haben Sie vielleicht darüber nachgedacht, etwas Zeit einzuplanen, um mit einem Therapeuten oder Berater zu sprechen. Es braucht Kraft, nicht Schwäche, um regelmäßige Besuche bei einem Psychotherapeuten zu führen. Ihr Fachwissen hingegen kann Ihnen dabei helfen, eine Vielzahl von Problemen zu bewältigen, die Sie möglicherweise von zu Hause oder anderswo mitgebracht haben und die sich nun auf Ihre Arbeitsleistung auswirken.

Sie müssen nicht so tun, als ob schlechte Emotionen nicht existieren oder dass Sie sie nicht fühlen können. Es gibt immer Höhen und Tiefen im Leben. Wichtig ist zu lernen, wie man mit Widrigkeiten umgeht und als Person daran wächst.

Wenn die Dinge schlecht laufen, ist mein letzter Ratschlag, sich amüsante Katzenbilder anzusehen und sich wie eine coole Katze zu entspannen. Ich habe jedoch auf die harte Tour gelernt, dass es keine gute Idee ist, mit einem „coolen Katzenblick“ im Gesicht herumzulaufen. Viele der „zwielichtigen“ Ideen, die ich dachte, aber zu verbergen versuchte, wurden fälschlicherweise als von diesem Blick ausgehend gedeutet.

5. Beheben Sie Ihre Probleme und machen Sie das Leben besser

- Zu befolgende Methoden
- Vorschläge zur Lösung von Problemen
- Belohnungen für das Ergreifen der Initiative
- Zukünftige Aktionen

Der Prozess der Problemlösung muss nicht anstrengend sein. Indem wir unser Vorgehen methodisch planen, können wir selbst die schwierigsten Probleme lösen.

Wünschen Sie sich, Sie könnten ein bestimmtes Problem ignorieren? Vielleicht verschiebst du es auf morgen. Du machst es am nächsten Tag wieder und am Tag danach und am Tag danach.

Das Problem bläht sich schnell zu einer monströsen Bestie auf, die von Tag zu Tag gefährlicher wird. Es verlangt nach einer Lösung, doch derzeit ist seine Komplexität fast zu viel, um es zu ertragen.

So nervenaufreibend muss die Problemlösung gar nicht sein. Eine gut gefüllte Toolbox zur Problemlösung erhöht Ihre Erfolgschancen und verringert Ihr Angstniveau, wenn Sie sich herausfordernden Situationen stellen.

Dies sind die 5 Dinge, die Sie tun sollten, wenn Sie ein Problem haben.

Probleme treten häufig im Alltag auf, sei es in persönlichen Beziehungen, Finanzen oder am Arbeitsplatz.

Einige Probleme können unüberwindlich komplex erscheinen. Wenn Sie jedoch den Prozess der Lösung des Problems in überschaubare Abschnitte unterteilen, werden Sie feststellen, dass er viel weniger entmutigend ist.

Hier sind fünf Möglichkeiten, ein Problem anzugehen:

1. Lokalisieren Sie das Problem.

Um ein Heilmittel zu finden, muss man oft dem Problem auf den Grund gehen, anstatt nur die Symptome zu behandeln. Frag dich einfach immer wieder "warum?" bis Sie die Antwort entdecken. Das Aufschreiben deiner Gedanken und Gefühle kann dir helfen, die Quelle deines Stresses zu verstehen.

2. Erstellen Sie eine Liste möglicher Antworten.

Ihr Problem kann mehr als eine Antwort haben. Erstellen Sie eine Liste der Vor- und Nachteile jeder Option. Sie können sich so viel Zeit nehmen, wie Sie brauchen. Sie könnten sogar ein paar enge Freunde um Rat fragen. Sie können diese Informationen verwenden, um verschiedene Standpunkte zu berücksichtigen.

3. Bestimmen Sie die optimale Option und machen Sie mit.

Überlegen Sie, welche Option am realistischsten, langlebigsten und erfolgversprechendsten ist. Konzentrieren Sie Ihre Bemühungen auf diese Option, sobald Sie sich für eine Vorgehensweise entschieden haben.

4. Erstellen Sie eine detaillierte Strategie.

Die nächste Phase, nachdem eine Lösung ausgewählt wurde, besteht darin, eine detaillierte Liste dessen zu erstellen, was getan werden muss, um sie zu implementieren. Ziele können zeitbasiert sein (dies bis zu einem bestimmten Zeitpunkt erledigen) oder projektbasiert sein (dies bis zu einem bestimmten Datum abschließen usw.). (4 Stunden an dieser Aufgabe arbeiten). Der Versuch, ein schwieriges Problem zu lösen, ohne es in kleinere, besser handhabbare Teile zu zerlegen, kann zu geistiger Verwirrung und Angst führen.

Fünftens, beeilen Sie sich und erledigen Sie es. Die Sorgen können zunehmen, wenn Sie die Behandlung des Problems aufschieben. Und wenn Sie bereits mit einer knappen Deadline konfrontiert sind, macht das

Aufschieben die Sache nur noch schlimmer. Um Ihnen ein Beispiel zu geben: Wenn Sie in einer Woche einen Bericht mit 2.000 Wörtern schreiben müssen, sollten Sie ihn nicht bis zur letzten Minute aufschieben.

Fähigkeiten zur Problemlösung

Nachfolgend finden Sie einige Vorschläge zur verbesserten Problemlösung.

Habe Selbstsicherheit.

Versuchen Sie so gut wie möglich darauf zu vertrauen, dass eine Lösung gleich um die Ecke ist (Sie müssen sie nur finden). Die Zuversicht, dass man sein Ziel erreicht, steigert die Motivation, so Studien aus dem Jahr 2018. Das Vertrauen in die eigene Problemlösungsfähigkeit ist eine Grundvoraussetzung, um diese Form des optimistischen Denkens zu entwickeln.

Eigeninitiative wird gefördert.

Konzentrieren Sie sich nach vorne und suchen Sie nach Hindernissen. Stellen Sie sich das Szenario vor, in dem Sie heute eine zeitlich festgelegte, wichtige Mathematikprüfung haben. Zusätzliche Stifte werden empfohlen, falls Sie einen verlieren oder brechen.

Bitte nehmen Sie dies als Herausforderung.

Betrachten Sie das Problem, mit dem Sie konfrontiert sind, nicht als Ärgernis, sondern als Test Ihres Könnens. Dank dessen sitzen Sie auf dem Fahrersitz. Basierend auf der antiken griechischen Philosophie lehrt uns der Stoizismus, Verantwortung für unser eigenes Glück zu übernehmen und Widrigkeiten als Chance zu lernen und uns zu entwickeln.

Vertrauen Sie auf das, was die Profis sagen. Die besten Lösungsfinder wissen, dass sie sich nicht immer auf ihre eigenen Ressourcen verlassen können. Gelegentlich sind Fachwissen und Unterstützung erforderlich. Rufen Sie zum Beispiel einen Freund oder ein Familienmitglied an, der Erfahrung mit dem Reparieren von Haushaltsgeräten hat.

- **Hör auf zu jammern und geh an die Arbeit.**

Es erfordert viel Mühe, sich durch Klagen schlechter zu fühlen. Stellen Sie sich vor, Sie haben drei Besprechungen für denselben Tag geplant. Anstatt darüber zu jammern, wie viel Arbeit Sie haben, versuchen Sie herauszufinden, wie Sie Ihre Zeit besser organisieren können.

Erkenne deine eigenen Fehler.

Es ist in Ordnung, unsere Pläne gelegentlich durchfallen zu lassen. Akzeptiere dies als unvermeidlich. Wenn sie scheitern, stehen die Erfolgreichen wieder auf und versuchen es erneut. Versuchen Sie, aus Ihren Fehlern und Rückschlägen zu lernen. Lass dich nicht hilflos fühlen, wenn du mit dem Finger auf jemand anderen zeigst.

Persönlichkeitsmerkmale können ebenfalls nützlich sein. Die Fähigkeit, Probleme effektiv zu lösen, erfordert meiner Meinung nach folgende Eigenschaften:

Eigenschaften wie Wissbegierde, Lernwille, eine optimistische Einstellung und ein Naturschützer

Jeder hat das Potenzial, sein kritisches Denken und seine Fähigkeiten zur Problemlösung mit ein wenig Arbeit zu verbessern.

Der Wert kreativer Fähigkeiten zur Problemlösung

Eine solide Fähigkeit, Probleme effektiv zu lösen, ist ein wesentlicher Aspekt des modernen Lebens.

Häufig finden wir Lösungen für Probleme, ohne groß darüber nachzudenken. Vielleicht entdeckst du im Büro einen Riss in deiner Jeans und musst ihn schnell reparieren.

Vielleicht brauchen Sie einen Nickel für den Automaten, aber Sie haben keinen. Also, was machst du, wenn etwas schief geht?
Das sind die alltäglichen Herausforderungen, die Fantasie und Durchhaltevermögen erfordern.

Wenn Sie Problemlösungstechniken bei kleinen Ärgernissen üben , sind Sie besser darauf vorbereitet, große Herausforderungen zu bewältigen, wenn sie auftreten. Infolgedessen sind Sie besser gerüstet, um mit Widrigkeiten umzugehen und auf der anderen Seite gestärkt hervorzugehen.

Zukünftige Aktionen

Um ein Problem zu lösen, muss man zuerst feststellen, worum es geht, bevor man sich Gedanken über mögliche Abhilfen macht und sich schließlich für die beste Vorgehensweise entscheidet.
Es ist nicht immer notwendig, auf komplexe Methoden zurückzugreifen, um ein Problem zu lösen; Manchmal ist es so einfach, Ihrer Intuition zu folgen. Je mehr Sie Ihre Fähigkeiten zur Problemlösung einsetzen, desto natürlicher werden Sie in der Lage sein, Antworten zu finden.
„Die ersten Ideen, die Ihnen einfallen, wenn Sie versuchen, ein Problem zu lösen, sind sehr komplex, und die meisten Leute hören

dort auf. Wenn Sie jedoch dabei bleiben, nehmen Sie sich die Zeit, wirklich über das vorliegende Problem nachzudenken, und schälen Sie es weiter Schichten der Zwiebel, finden Sie schließlich eine einfache, schöne Antwort.

Das Schönste ist, wie toll es sich anfühlt, wenn man es endlich geschafft hat.

6. Um Ihren Problemen ein Ende zu setzen und Ihr Leben zu verbessern

Was zu tun ist, Methoden zur Problemlösung, warum das eine gute Entwicklung ist und die nächsten Schritte

Das Lösen von Problemen muss kein mühsames Verfahren sein. Jedes noch so entmutigende Hindernis kann mit Würde und Effizienz überwunden werden, wenn eine gut geplante Strategie vorhanden ist.

Gibt es ein Thema, über das Sie lieber nicht nachdenken möchten? Vielleicht verschiebst du es immer wieder auf den nächsten Tag. Sie wiederholen den Vorgang am nächsten Tag. Dieses Problem eskaliert allmählich zu einem gewaltigen Monster. Es muss repariert werden, aber im Moment ist fast zu viel los.

Sie müssen sich jedoch nicht von der Lösung von Problemen stressen lassen. Wenn Sie sich mit einer Vielzahl von Taktiken ausrüsten, können Sie die meisten Probleme effizienter und gelassener bewältigen als ohne sie.

Verwenden der 5Ds, um jedes Problem zu beheben

Probleme im Privatleben, in den Finanzen und im Beruf sind zu erwarten.

Komplexe Probleme können manchmal unüberwindbar erscheinen. Die Behebung des Problems mag zunächst unüberwindbar erscheinen, kann jedoch Schritt für Schritt angegangen werden.

Im Folgenden sind fünf Lösungsansätze für Probleme aufgeführt.

Um die Ursache des Problems zu identifizieren.

Beim Versuch, ein Problem anzugehen, ist es normalerweise effektiver, seine Grundursache zu identifizieren und anzugehen, als nur seine oberflächlichen Manifestationen. Wiederholen Sie die Frage "warum?" bis Sie zu einem Ergebnis kommen. Es kann auch hilfreich sein, deine Gefühle aufzuschreiben und die Ursachen deines Stresses zu durchdenken.

Notieren Sie sich die Probleme und die Lösungen, die Ihnen einfallen.

Möglicherweise gibt es mehr als eine Lösung für Ihr Problem. Identifizieren Sie die Vor- und Nachteile jeder möglichen Entscheidung, die Sie treffen können. Nehmen Sie sich dafür unbedingt Zeit. Du könntest ein paar enge Freunde nach ihrer Meinung fragen. Dies erleichtert die Berücksichtigung alternativer Sichtweisen.

Wählen Sie die bestmögliche Alternative.

Überlegen Sie, welche Alternative langfristig am ehesten erfolgreich sein wird. Wenn Sie sich für eine Strategie entschieden haben, widmen Sie ihr all Ihre Energie.

Entwerfen Sie einen umfassenden Plan.

Jetzt, da Sie einen Aktionsplan haben, ist es an der Zeit, ihn in die Tat umzusetzen. Sowohl zeitbasierte (zuerst dies, dann jenes usw.) als auch projektbasierte Ziele sind praktikable Ansätze (4 Stunden an dieser Aufgabe arbeiten). Der Versuch, ein komplexes Problem zu bewältigen, ohne es zuerst in kleinere, überschaubarere Teile zu unterteilen, kann zu geistigem Chaos und Stress führen.

Handeln Sie sofort.

Wenn Sie es vermeiden, sich mit dem Problem auseinanderzusetzen, wird Ihr

Stresspegel wahrscheinlich eskalieren. Wenn Sie Probleme haben, Dinge zu erledigen, weil Sie nicht genug Zeit haben, hilft es nicht, Dinge aufzuschieben. Um nur ein Beispiel zu nennen: Wenn Sie in einer Woche einen Bericht mit 2.000 Wörtern erstellen müssen, warten Sie nicht bis zur letzten Minute.

Methoden zur Steigerung Ihrer Fähigkeit, schwierige Probleme zu lösen

Hier sind einige Hinweise, die sich als nützlich erweisen können, wenn Sie versuchen, die vorliegenden Probleme anzugehen.

Bleiben Sie zuversichtlich.

Glauben Sie, dass Hilfe am Horizont ist; es ist wahrscheinlich (man muss es nur finden). Laut einer im Jahr 2018 veröffentlichten Studie ist der Glaube an die eigene Fähigkeit zum Erfolg ein wichtiger Motivator. Um eine solche optimistische Einstellung zu entwickeln, muss zunächst das eigene Selbstwertgefühl gestärkt werden.

Versuchen Sie, vorauszudenken und Probleme zu vermeiden.

Konzentrieren Sie sich auf den nächsten Schritt und halten Sie Ausschau nach möglichen Hindernissen. Nehmen wir an, Sie haben heute einen großen Mathetest mit

Zeitangabe. Sie sollten immer einen Ersatzbleistift zur Hand haben, falls einer kaputt geht oder verloren geht.
Es ist eine gute Gelegenheit, um zu sehen, wie hart Sie sind.
Anstatt frustriert zu sein, betrachte deine aktuelle Situation als Test für deinen Mut. Nachdem Sie dies gelesen haben, werden Sie sich stärker und verantwortlicher für Ihr Leben fühlen. Das altgriechische Konzept des Stoizismus plädiert dafür, Verantwortung für das eigene Handeln zu übernehmen und Widrigkeiten als Chance zum Wachsen zu sehen.
Konsultieren Sie Experten, anstatt fundierte Vermutungen anzustellen.
Best-in-Class-Problemlöser sind sich bewusst, dass sie sich nicht immer auf ihre eigenen Fähigkeiten verlassen können. Es gibt Zeiten, in denen die Hilfe anderer und der Rat von Experten unverzichtbar sind. Es ist immer ratsam, einen Experten zu konsultieren, bevor Sie sich an eine komplexe Aufgabe wie die Reparatur eines Haushaltsgeräts machen.

• **Hören Sie auf zu jammern und machen Sie sich an die Arbeit.**

Sich zu beschweren ist eine Energieverschwendung, durch die Sie sich nur noch schlechter fühlen werden. Nehmen Sie zum Beispiel einen Tag, an dem Sie drei verschiedene Termine haben. Anstatt sich darüber zu beschweren, wie beschäftigt Sie sind, arbeiten Sie daran, Ihr Zeitmanagement zu verbessern.

Übernimm einfach die Verantwortung.

Wenn unsere Pläne nicht immer aufgehen, ist das in Ordnung. Tatsächlich ist das Leben manchmal so. Diejenigen, die letztendlich erfolgreich sind, sind diejenigen, die nach Rückschlägen bereit sind, wieder aufzustehen und es erneut zu versuchen. Versuche herauszufinden, was du verbessern kannst, indem du über deine vergangenen Fehler nachdenkst. Du fühlst dich vielleicht noch weniger unter Kontrolle, wenn du versuchst, jemand anderem die Schuld zu geben.

Charakterfehler können manchmal von Vorteil sein. Hier sind einige Eigenschaften, die meiner Meinung nach Menschen dabei helfen, gute Problemlösungsfähigkeiten zu entwickeln:

Merkmale

- ein Wissensdurst
- ein optimistischer Ausblick
- und einen entschlossenen Geist

Obwohl manche Menschen diese Eigenschaften von Natur aus haben, kann jeder lernen, kreativer und einfallsreicher bei der Lösung von Herausforderungen zu werden.

Perspektiven auf den Nutzen von Problemlösungsfähigkeiten

Die Fähigkeit, Probleme effektiv zu lösen, ist grundlegend für die moderne Existenz.
In unserem täglichen Leben tun wir das oft, ohne uns darum zu kümmern. Angenommen, Sie sind im Büro und bemerken plötzlich , dass Ihre Jeans ein Loch hat. Mögliche Erklärung: Sie haben vergessen, einen Nickel für den Automaten mitzunehmen. Was ist in diesem Fall konkret zu tun?
Das tägliche Leben bringt seine eigenen, einzigartigen Probleme mit sich, die unseren Mut auf die Probe stellen und uns dazu zwingen, kreativ und erfinderisch zu sein.
Die Beherrschung der Fähigkeit, mit alltäglichen Herausforderungen umzugehen, wird Sie in die Lage versetzen, später mit wichtigeren Problemen umzugehen. Auf diese Weise können Sie die Selbstsicherheit und Entschlossenheit erlangen, jede Schwierigkeit zu überwinden.

Zu tun und nicht zu tun

Bestimmen Sie die Art des vorliegenden Problems, machen Sie ein Brainstorming möglicher Abhilfemaßnahmen und wählen Sie dann diejenige aus, die sich als die effektivste erweist.

Unglaublicherweise starrt Ihnen die Antwort auf Ihr Problem möglicherweise die ganze Zeit ins Gesicht. Je mehr Sie Ihre Fähigkeiten zur Problemlösung einsetzen, desto leichter fallen Ihnen Lösungen ein. Nach anfänglich zu komplexen Antworten geben die meisten Menschen den Versuch auf, ein Problem zu lösen. Wenn Sie darauf bestehen, ernsthaft darüber nachdenken und weiter graben, könnten Sie eine elegante und einfache Antwort finden.

Und das Beste daran ist, wie gut es sich anfühlt, wenn man es geschafft hat.

7. Erstellen Sie einen Arbeitsplan

In praktisch allen Bereichen wird von Experten erwartet, dass sie sich an strenge Zeitpläne halten, da es als unhöflich gilt, professionelle Aufträge spontan zu erledigen. Daher ist es wichtig, Ihren Job im Voraus zu organisieren .

Wir hoffen, in diesem Artikel zu erklären, warum ein Arbeitsplan notwendig ist, welche

Arten es gibt und wofür sie verwendet werden. Wir möchten Ihnen auch einige Ratschläge geben, wie Sie einen praktikablen Plan erstellen können, also lesen Sie bitte weiter.

Wichtigkeit eines gut durchdachten Plans vor Beginn eines Projekts

Wenn Sie nichts unternehmen, wird Ihre gesamte Planung auf Wunschdenken hinauslaufen. Mangelnde Vorbereitung führt zu katastrophalen Ergebnissen.

Das vorhergehende Sprichwort fängt genau das Wesen einer Strategie ein, um Dinge zu erledigen. Natürlich gilt es zu bedenken, dass es unterschiedliche Berufe, unterschiedliche Hektik bei den Mitarbeitern und sogar unterschiedliche Aktivitäten im Tagesverlauf gibt. Ein Arbeitsplan ist nach wie vor in jeder Situation wichtig.

Wenn ein Experte einen Zeitplan für seinen Arbeitstag, seine Woche oder seinen Monat erstellt, tut er mehr als nur herauszufinden, was in welcher Reihenfolge und bis wann erledigt werden muss. Er schützt sich auch vor Ungereimtheiten, die am Arbeitsplatz entstehen können. Das Ergebnis ist eine ausgewogene Aufgabenliste, die den Ton für jede Arbeitssitzung angibt und dem gesamten

Prozess mehr Kohärenz und Struktur verleiht.

Die Planung von Projekten im Voraus hat mehrere Vorteile, einschließlich der unten aufgeführten.

Mit Hilfe des Hinzufügens der Begriffe für jede einzelne Aufgabe oder durch den Einsatz spezialisierter Arbeitszeiten können Unternehmen und ihre Mitarbeiter folgende Vorteile erzielen: • gesteigerte Produktivität und Effektivität der Arbeit jedes einzelnen Mitarbeiters • klarere Festlegung und Erreichung persönlicher und geschäftlicher Ziele • sichere Absicherung gegen Terminüberschreitungen

Stress am Arbeitstag wird minimiert , was der Produktivität zugute kommt.

Die Planung von Projekten im Voraus ist eine gute Idee, da dies zu produktiveren Ergebnissen führt, als sie zu beflügeln. In verschiedenen Bereichen, darunter Informationstechnologie (IT) (Projektmanagement, Produktentwicklung, Softwareentwicklung), Logistik, Marketing, Verkaufsförderung usw.) usw. bietet ein gut geplanter Arbeitsablauf mehr Vorteile und Optionen für eine erfolgreiche Durchführung die Aktivität.

Arbeitsplan-Varianten

Papier und Bleistift sind alles, was Sie brauchen, um mit einem regelmäßigen Arbeitsplan zu beginnen. Die Einführung eines bestimmten Systems wird jedoch empfohlen, wenn dies eine bessere Planung und Entwicklung und Verteilung von Aufgaben bedeutet.
Die Arbeitsplanung kann viele Formen annehmen, also werfen wir einen Blick auf einige der häufigsten.

Typ 1: Strategische Vorbereitung.

Das Endergebnis dieser Art der Planung ist die erfolgreiche Erledigung vorgegebener Aufgaben und die Verwirklichung der primären Unternehmensziele . Wenn Sie weit in die Zukunft blicken oder genaue Vorhersagen über die Wahrscheinlichkeit machen müssen, dass eine bestimmte Vorgehensweise produktiv ist, sollten Sie sich an einer Strategieplanung beteiligen.
Im Allgemeinen bringt die strategische Planung die folgenden Merkmale mit sich:
• die Arbeit wird im Hinblick auf die Zukunft geschrieben, anstatt den aktuellen Stand der Ereignisse zu beschreiben;

strategische Planung berücksichtigt weder Zeit noch Geld, die bereits für Projekte oder Initiativen aufgewendet wurden, und kann daher nicht vorhersagen, wie gut eine Organisation in Zukunft abschneiden wird.

Typ 2: Strategische Vorbereitung

Unter den Geschäftsleuten von heute ist taktische Planung sehr gefragt. Bei der Planung im "Jetzt und Jetzt"-Modus treffen Experten Entscheidungen über die Arbeit der nächsten Wochen oder Monate auf der Grundlage des aktuellen Stands der Dinge und einiger möglicher nächster Maßnahmen. Viele Experten auf verschiedenen Gebieten beschäftigen sich mit taktischer Arbeit; Diese Strategie legt die Grundlage für eine effektive Aufgabenausführung und das Erreichen kritischer Ziele.

Das Priorisieren von Aufgaben ist ein nützlicher Teil der taktischen Planung, der dazu beitragen kann, dass der Plan zur Erfüllung der Mission reibungsloser abläuft.

Typ 3: Operative (kurzfristige) Planung.

Ähnlich wie bei der taktischen Planung beinhaltet die strategische Planung die Entwicklung eines kurzen Arbeitsplans;

Strategische Pläne haben jedoch in der Regel eine deutlichere Periodisierung der Aufgaben (pro Tag, pro Woche oder vierteljährlich). Änderungen der Arbeitsbedingungen und damit der Ziele und Prioritäten des Unternehmens können eine Neubewertung und Neuausrichtung des bisherigen Arbeitsplans erforderlich machen, was in der Betriebsplanung häufig vorkommt.
Unter sorgfältiger Berücksichtigung von Zeit, Geld und Arbeitskraft kann eine operative Planung den Tag retten und es den Fachleuten ermöglichen, alle erforderlichen Aufgaben auszuführen. Glücklicherweise sind solche Anpassungen aufgrund der Anpassungsfähigkeit der wesentlichen Geschäftsprojekte machbar.

Beratung bei der Planung eines Arbeitsplans

Der springende Punkt liegt auf der Hand: Was brauchen wir am dringendsten, um unseren fantastischen Arbeitsplan zu entwickeln? Und die Lösung wird in Form einiger nützlicher Hinweise bereitgestellt, wie man es effizienter und effektiver macht.
Der erste Schritt besteht darin, sich auf ein bestimmtes Ziel für Ihre Bemühungen festzulegen. Je nach Art, ob weltweit oder

unauffällig, können Sie Ihre Arbeit geschickter konstruieren. Wenn Sie beispielsweise den Stil des Website-Banners vervollständigen möchten, sollten Sie das endgültige, validierte Projekt im Auge behalten, während Sie die Schritte entwickeln, die Sie unternehmen müssen, um dorthin zu gelangen.

• Denken Sie daran, dass bestimmte Dinge wichtiger sind als andere. Die Priorisierung bereits bestehender Aufgaben kann auf vielfältige Weise erfolgen, von denen die meisten einfach auszuwählen sind. Das Erstellen einer Prioritätenliste ermöglicht es Ihnen, das Gesamtbild Ihrer Arbeit zu sehen und festzustellen, wie wichtig jede einzelne Aufgabe ist.

Wenn Sie einen vollen Terminkalender haben, kümmern Sie sich darum! Denken Sie daran, dass es einige grundlegende Definitionen für einen ordnungsgemäßen Arbeitsplan gibt, z. B. die Tatsache, dass jede Aktivität eine geschätzte Renderzeit benötigt. Es empfiehlt sich, eine bestimmte Zeit für die Umsetzung Ihrer Strategie festzulegen, um Ihr benötigtes Arbeitspensum zu erfüllen und Ihren eigenen Zeitplan einzuhalten.

Probieren Sie verschiedene Methoden aus! Natürlich ist diese Anleitung auf die Planung in jedem Bereich anwendbar, aber die Entwicklung von IT-Produkten kann besonders von einer sorgfältigen Überlegung profitieren, wie neue Technologien einbezogen werden können. Dort können Sie mit verschiedenen Methoden experimentieren. Tools, Task-Management-Software, Produktmetriken usw.

Fazit

Wir haben heute die Bedeutung der Planung bei allen Unternehmungen demonstriert . Und denken Sie daran, dass die Planung Zeit braucht, aber es ist Zeit, die sich auszahlt und echte Ergebnisse im Endprodukt Ihrer Arbeit liefert .

8. Sie sollten mit Ihren Ideen um sich werfen

Wenn Sie jemals mit jungen Basketballspielern gearbeitet oder sie trainiert haben, wissen Sie, dass die überwiegende Mehrheit von ihnen beim Dribbeln des Balls ausschließlich ihre dominante Hand verwendet.

Ein Elternteil oder Trainer könnte seinen jungen Schützling beiseite ziehen und erklären: "Billy, du dribbelt jedes Mal nur mit einer Hand, und der Verteidiger kann dich leicht bewachen, wenn er dich dabei sieht." Ihre Auswahl wurde eliminiert. Sie müssen auch mit der Nebenhand dribbeln, um Ihren Gegner im Unklaren zu lassen.

Billy könnte jetzt „Ich kann nicht“ sagen. Mit einem schiefen Grinsen im Gesicht fragst du: "Was meinst du damit, dass du das nicht kannst?"

Und dann demonstriert Billy, dass der Ball überall herumfliegt, wenn er seine subdominante (schwächere) Hand und seinen Arm zum Dribbeln einsetzt. Aus diesem Grund ist er zu dem Schluss gekommen, dass er das nicht kann.

Du nennst ihn "Billy". Sie sagen: "Es ist nicht so, dass du es nicht kannst, es ist einfach so, dass du es nicht hast." Dann sagst du Billy, dass er seine andere Hand genauso gut trainieren kann, um zu dribbeln. Alles, was es braucht, ist ein ernsthaftes Herumhüpfen. Es ist die einfache Schaffung einer Gewohnheit. Billy wird nicht lange brauchen, um herauszufinden, dass Sie Recht hatten, sobald er anfängt, mit seiner nicht dominanten Hand zu dribbeln.

Dasselbe gilt für die Änderung unserer eigenen Standard-Denkweise. Wenn wir die meiste Zeit negativ denken, brauchen wir nur mit der anderen Hand zu dribbeln: Um

positives Denken zur Gewohnheit zu machen, müssen Sie es mehr tun.
In der Vergangenheit hätte ich auf die Frage nach meinem Mangel an Optimismus und Konzentration geantwortet: „Ich kann nicht. Das bin ich nicht. Ich bin mir nicht sicher, wie ich das machen soll. Ich hätte einfach sagen sollen: „ Ich habe nicht", denn das wäre wahrer gewesen.
Wie ein Basketball kann das Denken wie verrückt herumgeschleudert werden. Einerseits kann ich durch negatives Denken (indem ich diesen Gedankengang immer wieder in meinem Kopf herumschleudere) eine düstere Sicht fördern. Die gute Nachricht ist, dass ich mein Gehirn trainieren kann, hoffnungsvoller zu sein, eine positive Idee nach der anderen.
Ob Sie sich für Ihre eigene Motivation entscheiden oder nicht, liegt ganz bei Ihnen.
Ich hatte gelesen, dass der durchschnittliche Mensch jeden Tag 45.000 Gedanken hat. Ich würde nicht zu viel Wert auf diese Zahl legen, besonders wenn man bedenkt, dass ich persönlich ein paar Leute kenne, die anscheinend nicht mehr als neun oder zehn haben. Wenn es stimmt, dass wir 45.000 Ideen pro Tag haben, dann ist es leicht zu

sehen, wie lange es dauern wird, ein Muster des negativen Denkens zu durchbrechen. Positives mentales Springen wird das allgemeine Muster nicht verändern. Wenn Sie dazu neigen, die Welt in einem negativen Licht zu sehen, liegt das daran, dass Ihr biologischer Computer so stark vorprogrammiert ist. Es kann jedoch ziemlich schnell ein anderes Muster erscheinen. Früher war ich Pessimist, aber jetzt sehe ich, dass Veränderungen möglich sind, wenn auch schrittweise. Ja, du entwickelst dich. Immer nur eine Idee.

9. Zünde dein träges Dynamit an

Henry Ford erinnerte seine Mitarbeiter oft daran, dass keine Aufgabe unüberwindbar war, solange sie sich die Zeit nahmen, sie in kleinere Aufgaben zu zerlegen.

Wenn Sie ein Projekt zerlegt haben, nehmen Sie sich Zeit für den ersten Schritt. Entspannen Sie sich und lassen Sie es sich gut gehen. Das liegt daran, dass Geschwindigkeit keine Rolle spielt, solange Sie es erledigen. Die Tatsache, dass Sie Maßnahmen ergreifen, ist entscheidend. Die meisten unserer schwierigsten Aufgaben werden nie abgeschlossen.

Für viele Menschen ist die Aussicht, so viel Anstrengung zu unternehmen, um eine Aufgabe zu erledigen, einfach zu entmutigend, um Motivation aufkommen zu lassen. Allerdings ist es eine großartige Methode, so zu tun, als wäre man der faulste Mensch der Welt, um sich dieser Motivation zu nähern.

(Ich habe nicht einmal eine so gute Show abgezogen!) Wenn Sie eine Aufgabe mit der Einstellung angehen, dass Sie sie langsam und faul erledigen, werden Sie viel weniger Druck verspüren, sie zu erledigen.

Tatsächlich können Sie das Erlebnis noch angenehmer gestalten, indem Sie kopfüber eintauchen, als wären Sie in einer Zeitlupenkomödie, und wie ein Mensch aus Wasser durch das Stück gleiten. Paradoxerweise sind Sie umso schneller fertig, je langsamer Sie beginnen.

Das anfängliche Bewusstsein, nichts leisten zu wollen, ist am stärksten, wenn die Aufgabe besonders herausfordernd oder überfordernd ist. Das bedeutet, dass das Bild, das Sie in Ihrem Kopf heraufbeschwören, die Aktion schnell und aggressiv auszuführen, kein angenehmes ist.

Sie versuchen also herauszufinden, wie Sie die Arbeit nicht erledigen sollen. Es ist

einfach zu erwägen, die Dinge zunächst langsam anzugehen. Wenn Sie den Prozess schrittweise beginnen, können Sie den Vorgang überhaupt beginnen.
Folglich ist es abgeschlossen. Wenn Sie sich an eine Aufgabe gewöhnen, nimmt der Schwung natürlich zu und Sie rennen zum Ziel.
Ähnlich wie Ihr innerer Rhythmus Ihnen hilft, in einen Groove zu kommen .
Es wird nicht lange dauern, bis Ihr Unterbewusstsein Sie mit müheloser Energie füllt und Ihr Bewusstsein aufhört, die Handlung zu erzwingen.
Also keine Eile. Nimm es erstmal locker. Die Arbeit wird bald im stetigen, aber unerbittlichen Tempo von „Red Rose Speedway“ erfolgen, einem faszinierenden Track aus Paul McCartneys gleichnamigem Album „Sorry to burst your bubble, Lazy Dynamite.

„Innerlich enthalten Sie eine dynamitähnliche Substanz. Sie müssen sich nicht beeilen, sie auszulösen. Ein langsam angeschlagenes Streichholz wird genauso gut funktionieren.

10. Finden Sie heraus, wie Sie sich verhalten sollen

Wenn Kinder an Rollenspielen teilnehmen, können sie so tun, als wären sie jemand anderes oder spielen ein Szenario nach. Die Schüler können diese Rollen alleine, zu zweit oder in größeren Gruppen spielen, um komplexere Situationen zu simulieren. Schüler, die an Rollenspielen teilnehmen, werden Situationen ausgesetzt, die das wirkliche Leben nachahmen und „stressig, neu, schwierig oder umstritten" sein können, was von ihnen verlangt, über ihre eigenen Einstellungen und Werte in Bezug auf die ihrer Klassenkameraden und der größeren Gemeinschaft nachzudenken.

Rollenspielübungen „sind in der Regel kurze, spontane Präsentationen", sie können aber auch organisierte Forschungsaufträge sein, im Gegensatz zu Simulationen und Spielen, die oft geplante, strukturierte Aktivitäten sind, die sich über einen längeren Zeitraum erstrecken können.

Es gibt viele positive Ergebnisse, wenn man sich auf Rollenspiele einlässt.

Rollenspiele sind ein mächtiges Werkzeug, das im Klassenzimmer eingesetzt werden kann, um viele verschiedene Ziele zu erreichen, einschließlich, aber nicht beschränkt auf die folgenden: Motivieren und Einbeziehen von Schülern; Verbesserung aktueller Unterrichtsstrategien; Bereitstellung realer Szenarien, um den Schülern beim Lernen zu helfen; Lernfähigkeiten, die in realen Situationen verwendet werden (Verhandlung, Debatte, Teamarbeit, Kooperation, Überzeugung); Bereitstellung von Gelegenheiten zur kritischen Beobachtung von Gleichaltrigen; Um die Schüler besser auf die reale Welt vorzubereiten, können Rollenspiele im Unterricht eingesetzt werden.

Kriterien für die Gestaltung von Rollenspielaktivitäten

Führen Sie zu Beginn und während des gesamten Semesters kleinere, unbenotete Rollenspiele ein, um den Studierenden zu helfen, sich auf ein größeres, benotetes Rollenspiel am Ende des Semesters vorzubereiten.

• Treffen Sie eine Entscheidung über die Bewertungskriterien, die zur Bewertung des Rollenspiels verwendet werden. Werden die Schauspieler Zugang zu den Rückmeldungen und Bewertungen der Beobachter haben? Werden bei der Berechnung der Abschlussnoten die Noten der Beobachter zu den Noten des Lehrers hinzugerechnet? Haben die Schauspieler nach Abschluss des Rollenspiels noch einmal die Chance, eine überarbeitete Darbietung anzubieten? Werden die Mitarbeiter darin geschult, objektiv und fair Feedback zu Leistungen zu geben? (Indem Sie konstruktive Kritik äußern, anstatt nur zu urteilen.)

• Betonen Sie gegenüber der Klasse, dass der Fokus des Rollenspiels auf dem jeweiligen Thema liegen sollte und nicht auf dem Schauspieler, der die Rolle spielt.

Verbinden Sie Rollenspielaktivitäten mit Kurszielen, damit die Schüler sehen können, wie das, was sie lernen, auf das wirkliche Leben anwendbar ist.

• Geben Sie den Kindern Zeit, das Rollenspiel zu proben, auch wenn es spontan ist, damit sie ernsthaft über ihre Aufführung nachdenken können.

Anstatt einen langen Textblock zu präsentieren, teilen Sie ihn in überschaubare Teile auf, die sich gut für ein Rollenspiel eignen.

Um sicherzustellen, dass die Schüler auf Rollenspiele vorbereitet sind, ist es wichtig, den Zweck zu klären und alle Fragen zu beantworten, die sie möglicherweise haben, wenn sie die Aufgabe erhalten. Stellen Sie

Inhaltsstandards bereit, wie allgemeines Präsentationsverhalten (Blickkontakt, Gestik, Stimmprojektion), Verwendung von Requisiten und spezifische zu verwendende Sprache (fachbezogene Terminologie) und zu vermeidende Sprache (Jargon) (Obszönitäten, Slang).

Wenn Sie sicher sein wollen, dass alle auf Augenhöhe bewertet werden, sollten Sie jedem eine herausfordernde Rollenspielaufgabe geben.

Die Rolle spielen: Einige Illustrationen

Die Schüler lernen mehr (und anders) aus dem Kontext des Rollenspiels als aus dem nicht kontextspezifischen Lernen und den Vorlesungen. Die Schüler können durch Rollenspiele aus einer Vielzahl von Kontexten lernen, wenn ihnen klare Ziele und Anweisungen gegeben werden.

Die Schüler können in Rollenspielen Fähigkeiten üben , die für reale Arbeitsplatzsituationen relevant sind.

• Rollenspiele, in denen die Studierenden die Rolle des Interviewers und/oder Interviewpartners einnehmen, um sich auf reale Vorstellungsgespräche vorzubereiten

• Marketing – In Vorbereitung auf eine Präsentation vor der Klasse können die

Schüler als Handelsvertreter für ein Scheinunternehmen fungieren.

• Einzelhandel—Schüler können als Verkaufsleiter und Verkaufsvertreter Rollenspiele spielen, um die Anforderungen dieser Berufe besser zu verstehen und sich auf einen Gastredner in einem Merchandising-Kurs vorzubereiten.

• Beratung – Die Schüler können ihre schauspielerischen Fähigkeiten als Familientherapeut üben , dessen Klient ein Verbrechen gestanden hat.

• Bildung – Vor einer Karrieremesse können Kinder ihre Rollenspielfähigkeiten üben , indem sie die Rollen eines Lehrers, eines Administrators oder eines Elternteils übernehmen.

• Debatten – Als spontane Übung lässt der Lehrer die Schüler schnell Argumente für und gegen Positionen zu einem Thema formulieren, wie zum Beispiel den Holzeinschlag im pazifischen Nordwesten und die gefleckte Eule, den arabisch-israelischen Konflikt oder die Fluggesellschaft Flugverspätungen.

Zusammenfassung

Die Schüler können in Rollenspielen Fähigkeiten üben , die für reale

Arbeitsplatzsituationen relevant sind. Schüler erkennen den Wert von Rollenspielen eher, wenn die Szenarien, die sie in diesen Sitzungen durchspielen, inhaltsorientiert sind, sich an den Lernzielen orientieren und eine praktische Anwendung haben. Die Schüler können lernen, kritisch über schwierige und strittige Themen nachzudenken und durch Rollenspiele eine neue Perspektive auf vertraute Situationen zu gewinnen. Rollenspiele können, wenn sie richtig eingesetzt werden, ein unterhaltsames und ansprechendes Mittel sein, um Kinder zum Lernen zu inspirieren.

11. Bewusstsein für die Neurotransmitter, die Ihre Disposition regulieren

Die Neurotransmitter Serotonin, Dopamin, Adrenalin und Oxytocin spielen alle eine Rolle bei der Bestimmung der Stimmung, obwohl zahlreiche äußere Umstände (wie das Wetter und die eigenen Beziehungen) die Stimmung beeinflussen können. Aber Sie müssen sich mit der Funktionsweise des menschlichen Gehirns vertraut machen, um dies zu verstehen. Wie genau beeinflussen neuronale Schaltkreise im Gehirn emotionale Zustände? Das Gehirn reguliert die Ausschüttung von Chemikalien, sogenannten Neurotransmittern, die uns entweder anregen oder entspannen können. Unsere Disposition, Gefühle und Handlungen werden alle in der Folge beeinflusst.

Ein chemisches Ungleichgewicht im Gehirn tritt auf, wenn eine anormale Menge oder zu wenig eines bestimmten Neurotransmitters produziert wird. Wenn dies nicht behoben wird, kann dies bereits bestehende Stimmungsstörungen oder psychische Probleme verschlimmern. Die Gehirnchemie spielt eine Rolle, aber es spielt noch viel mehr eine Rolle, um zu bestimmen, warum manche Menschen psychische Probleme haben und andere nicht.

Heutzutage gibt es mehrere pharmazeutische Optionen zur Behandlung von Geisteskrankheiten, indem chemische Ungleichgewichte im Gehirn wieder ins Gleichgewicht gebracht werden.

Erfahren Sie mehr über die faszinierenden chemischen Prozesse, die im Gehirn ablaufen, indem Sie vier verschiedene Klassen von Neurotransmittern untersuchen. Außerdem erhalten Sie einige nützliche Hinweise, um Ihre natürliche Versorgung mit

Glückshormonen und anderen Substanzen zu steigern.

- Das Hormon Serotonin steuert unsere Emotionen.
- Der Neurotransmitter Serotonin ist entscheidend für die Aufrechterhaltung einer stabilen Stimmung.
- Die Auswirkungen von Serotonin auf die eigene Disposition.

Sie können Serotonin für Ihre positiven Emotionen und Ihre stabile Stimmung danken. Es hilft bei der Kontrolle Ihres Appetits und Schlafzyklus, neben anderen Körperfunktionen. Trotz der weit verbreiteten Anerkennung von Dopamin als „Glückshormon" ist Serotonin nichtsdestotrotz eine wichtige Substanz in Ihrem Körper.

Wenn Ihr Serotoninspiegel optimal ist, erleben Sie mentale und emotionale Stabilität, Ruhe und eine erhöhte Konzentrations- und Aktivitätsfähigkeit.

Die folgenden Symptome treten häufig bei Menschen mit niedrigem Serotoninspiegel auf:

Schlafstörungen haben

Eine negative Selbstwahrnehmung manifestiert sich auf verschiedene Weise, darunter ein Rückgang des sexuellen Verlangens, Depressionen, Gedächtnisverlust und ein Verlangen nach zuckerhaltigen Lebensmitteln.

Depressive Stimmung kann auch mit einem Mangel an Serotonin in Verbindung gebracht werden. Angstzustände, Zwangsstörungen, soziale Ängste, Panikattacken und PTBS sind nur einige der Erkrankungen, die von einem erhöhten Serotoninspiegel (PTSD) profitieren können.

Möglichkeiten zur Erhöhung des Serotoninspiegels

Die Erhöhung des Serotoninspiegels Ihres Körpers kann auf natürliche Weise erreicht werden, indem Sie Folgendes tun:

Mehr Freizeit, körperliche Aktivität, Beratung und Achtsamkeitspraxis .

Selektive Serotonin-Wiederaufnahmehemmer sind eine Option für die Behandlung, wenn Sie sich seit einiger Zeit niedergeschlagen fühlen (SSRIs).

Die meisten Rezepte für Antidepressiva in Australien beziehen sich auf selektive Serotonin-Wiederaufnahmehemmer (SSRIs). Insbesondere reduzieren sie die Geschwindigkeit, mit der Serotonin von Nervenzellen reabsorbiert wird, wodurch eine konstante Versorgung für die Übertragung elektrischer Impulse ermöglicht wird.

Das Glückshormon Dopamin

Dopamin, oft als „Wohlfühl-Neurotransmitter“ bezeichnet, ist an der Regulierung Ihrer Stimmung beteiligt. Es hilft beim Lernen und Behalten sowie bei den motorischen Fähigkeiten. Das Gehirn schüttet es als Belohnung aus, wenn wir an angenehmen Aktivitäten teilnehmen oder Mahlzeiten zu uns nehmen, die uns besonders gut gefallen.
Gefühle von Freude, Zufriedenheit und Tatendrang werden durch Dopamin ermöglicht.

Verbesserung Ihrer Stimmung durch Erhöhung Ihrer Endorphine

Der Dopaminspiegel kann durch den Verzehr von Mahlzeiten erhöht werden, die reich an L-Tyrosin sind, einer Aminosäure, die für die Synthese von Dopamin benötigt wird.
Die Vermeidung verarbeiteter Mahlzeiten sowie solcher mit hohem Fett-, Zucker- und Koffeingehalt, regelmäßige Bewegung, viel Schlaf und Aktivitäten, die Sie glücklich machen, wie Meditation oder Massage, können ebenfalls dazu beitragen, Ihren

Neurotransmitterspiegel zu erhöhen Dopamin.

Was ist die Obergrenze für die Einnahme von Dopamin?

Selbst die besten Dinge können zu viel (oder zu wenig) davon haben. Der Dopaminspiegel im Gehirn könnte aus dem Gleichgewicht geraten. Ein Mangel an diesem Hormon wurde mit psychischen Erkrankungen in Verbindung gebracht, während ein Überfluss unerwünschte Eigenschaften wie Egoismus, Feindseligkeit und mangelnde Selbstbeherrschung verursachen kann. Es wird angenommen , dass Dopamin eine Rolle dabei spielt, warum manche Menschen von Dingen wie Essen, Glücksspiel, Sex, Alkohol und Freizeitdrogen abhängig werden.

Adrenalin, das uns sicher hält.

Die „Kampf-oder-Flucht"-Reaktion wird durch Adrenalin ausgelöst, das oft als Epinephrin bezeichnet wird. Sie werden besser in der Lage sein, unter Druck schnell zu reagieren. Wenn Ihr Gehirn Aufregung, Gefahr, Angst oder eine potenzielle Bedrohung registriert, schüttet es das Hormon Adrenalin aus. Wenn Ihr Körper "voller Adrenalin" ist, wie es bei einer Aktivität wie dem Fallschirmspringen der

Fall wäre, können Sie eine Vielzahl von Gefühlen erleben.

Ein Adrenalinstoß

Ein Adrenalinstoß tritt auf, wenn das Hormon in kurzer Zeit in großen Mengen freigesetzt wird. Wenn dies auftritt, können verschiedene Anzeichen und Symptome auftreten.

Zu den Symptomen gehören: erhöhte Kraft und Leistungsfähigkeit, verminderte Schmerzempfindlichkeit, erhöhte Herzfrequenz, Schweiß und schnelle Atmung sowie ein allgemeines Unbehagen.

Manche Menschen suchen nach „Adrenalinschüben“, weil sie das Gefühl schätzen, das sie vermitteln. Fallschirmspringen, Bungee-Jumping und Haikäfigtauchen sind Beispiele dafür.

Könnte ich möglicherweise einen gefährlich hohen Adrenalinspiegel haben?

Der menschliche Körper ist sehr gut darin, seinen eigenen Adrenalinausstoß zu regulieren. Die Adrenalinproduktion hört auf, sobald die Bedrohung oder intensive Emotion vorüber ist. Eine Überproduktion von Adrenalin kann jedoch bei Schlafapnoe und Nebennierentumoren zu einem chemischen Ungleichgewicht führen .

Adrenalin ist ein Hormon, das vom Körper ausgeschüttet wird, wenn es nicht nötig ist, aber Stress und Sorgen können diese Ausschüttung zu unpassenden Zeiten auslösen. Abends, wenn Sie versuchen zu schlafen, es aber nicht können, weil Sie sich Sorgen um den nächsten Tag machen. Es ist frustrierend und unangenehm, und langfristiger Stress kann sich negativ auf die Gesundheit auswirken.

Das parasympathische Nervensystem, auch „ Rest -and -Digest-System“ genannt, kann aktiviert werden, um unangenehme Gefühle zu lindern. In Stresssituationen kann dies der natürlichen „Kampf-oder-Flucht“-Reaktion des Körpers entgegenwirken. Um Ihnen zu helfen, sich nachts zu entspannen, versuchen Sie einige der folgenden Übungen: tiefe Atemübungen; Meditation und Achtsamkeit; Versuchen Sie entspannende Bewegungen wie Yoga oder Tai Chi; mit Freunden oder Familie darüber sprechen, was Sie stört; Üben Sie gute Selbstfürsorge, indem Sie sich gut ernähren und regelmäßig Sport treiben; Begrenzung von Koffein und Alkohol; Vermeidung elektronischer Geräte mindestens eine Stunde vor dem Schlafengehen.

In unserem Stressleitfaden decken wir ein breites Themenspektrum ab, von den Vorteilen der Meditation bis zu den Grundlagen des Journalings als Stressabbau. Wenn Sie das Gefühl haben, dass Sie weitere Unterstützung benötigen könnten, können Sie sich auch über die von uns angebotenen Programme und Dienstleistungen informieren.

Oxytocin, das „Wohlfühl"-Hormon

In Partnerschaften wirkt Oxytocin als Vertrauensbildner, empathisches emotionales Unterstützungssystem und als Klebstoff, der Menschen zusammenhält. Die Freisetzung von Oxytocin rundet das glückliche chemische Triumvirat aus Serotonin und Dopamin ab. Der Körper produziert Oxytocin zur Verwendung während der Wehen , Stillzeit und sexuellen Aktivität. Wir verstehen die Rolle von Oxytocin bei der Herstellung von Verbindungen nicht vollständig, und es sind weitere Untersuchungen erforderlich, um eine Verbindung zwischen niedrigen Oxytocinspiegeln und Depression herzustellen. Der Mechanismus, durch den Oxytocin die eigene Disposition steuert, ist ebenfalls nicht einfach. Die Behandlung von

Problemen mit sozialer Angst, Traurigkeit und Wut könnte von erhöhtem Oxytocin profitieren.

Die besten Möglichkeiten, die Oxytocin-Produktion Ihres Körpers zu steigern

Die folgenden Maßnahmen können Ihnen helfen, Ihren Oxytocinspiegel auf gesunde Weise zu erhöhen:

Ein Tier körperlich zu berühren, zu meditieren, einen geliebten Menschen zu umarmen, Händchen zu halten, eine Massage zu erhalten oder sich an sexuellen Aktivitäten zu beteiligen, sind alles Beispiele für erhebende menschliche Interaktionen.

Eine Vielzahl anderer Techniken, um Ihre Stimmung zu heben

Mit anderen in Kontakt zu treten, sich an angenehmen Aktivitäten zu beteiligen, sinnvolle Beiträge für Ihre Gemeinschaft zu leisten, sich um sich selbst zu kümmern, für angemessene Erholung zu sorgen und Stress abzubauen sind großartige Möglichkeiten, um Ihre Stimmung zu verbessern.

Wir hoffen aufrichtig, dass Sie diese Diskussion darüber, wie die Stimmung durch chemische Reaktionen im Gehirn gesteuert wird, sowohl informativ als auch interessant fanden. Botschaft zum Mitnehmen: Die

Verbindung zwischen Gehirn und Stimmung wird nuanciert, und die Studien zum Zusammenspiel dieser Wohlfühlchemikalien in Gehirn und Körper werden fortgesetzt. Es ist wahr, dass wir die Kraft haben, die Produktion von Endorphinen zu steigern und ein natürliches High zu erleben, aber es gibt Gelegenheiten, in denen wir ein wenig zusätzliche Hilfe brauchen.

12. Du solltest niemals zur High School zurückkehren.

Wir alle haben das Gefühl, auf unbestimmte Zeit in der High School festzustecken. Es ist, als ob wir immer noch nicht darüber hinwegkommen, was dort passiert ist. Früher waren wir fantasievoll, künstlerisch und voller endloser Energie und Wunder, bevor wir auf die High School kamen.

Etwas ging jedoch während meines Abschlussjahres an der High School rückwärts. Wir hatten uns vorher nie darum gekümmert, was andere Leute über uns dachten, aber jetzt taten wir es. Der Versuch, Peinlichkeiten zu vermeiden, wurde plötzlich zu unserer obersten Priorität. Um uns nicht lächerlich zu machen, gingen wir kein Risiko ein.

Etwas, das einem Freund von mir in der High School passiert ist, ist mir seitdem in Erinnerung geblieben. (Zu diesem Zeitpunkt ist er ein etablierter Fotograf, also muss ich mir keine Sorgen machen, seinen Segen zu bekommen, um diese Anekdote zu teilen.) Eines Tages, als ich von der Schule nach Hause ging, blieb er plötzlich stehen, sein Gesicht war vor Angst erstarrt . Ich sah ihn an und erkundigte mich nach seinem Zustand. Ich hatte Angst, dass er einen Anfall bekommt. Danach zeigte er mir nonverbal, dass seinem Gürtel eine Schlaufe fehlte, indem er auf seine Hose zeigte.
"Ich habe den ganzen Tag so verbracht!" er rief aus. Er konnte unmöglich wissen, was die Leute für ihn empfanden, wenn sie in den Fluren an ihm vorbeigingen und bemerkten, dass seinem Gürtel eine Schlaufe fehlte. Sein Ruf war irreparabel geschädigt.

Das war mein letztes Jahr in der High School. Heutzutage sind meine Lieblingsteile meiner motivierenden Reden die Frage-und-Antwort-Sitzungen. Ich beobachte jedoch oft Menschen mit peinlich jugendlichen Ausdrucksformen von Selbstbewusstsein, wenn sie über die möglichen Konsequenzen nachdenken, wenn sie ihre Hand heben und vor der Gruppe eine Frage stellen.

Die High School ist oft der Beginn eines lebenslangen Musters, sich mehr um die Meinung anderer als um die eigenen Ideen zu sorgen.

Mit dem Wissen, was wir jetzt wissen, ist es diesmal an der Zeit, die High School wirklich abzuschließen. Es ist an der Zeit, Ihr kreatives, hemmungsloses Vorschulkind zu kanalisieren.

Übrigens habe ich herausgefunden, wie ich mit der peinlichen Stille umgehen kann, die oft entsteht, wenn ich in einem Seminar für Fragen anrufe. Ich mache fünf konzentrische Kreise auf dem Brett. Dann übertrage ich eine Zeile aus einer meiner alten Vorlesungen: "Wenn es an dieser Stelle keine Fragen gibt, machen wir eine Pause." Die meisten Leute würden lieber eine Pause machen, als Fragen zu stellen, daher wurde diese Option selten genutzt. Ich finde jedoch, dass die Beantwortung der Fragen der Teilnehmer der unterhaltsamste Teil eines Seminars ist, also habe ich mir folgendes Spiel ausgedacht: Nach fünf Fragen machen wir alle fünf Minuten Pause. Die Leute werden jetzt in ihrer Nähe ermutigt, Fragen zu stellen, damit wir uns alle früher trennen können.

Es ist eine humorvoll erfundene Methode, um das Gespräch zu initiieren, das ich anstrebe, aber was es wirklich tut, ist Spannungen abzubauen. Sie müssen ihre Schulausbildung abbrechen.

Das Selbstvertrauen in sozialen Situationen zu haben, das Sie sich wünschen, ist viel einfacher zu erreichen, als die meisten Menschen denken. Sie verhalten sich weiterhin wie unreife Teenager und reagieren auf die wahrgenommenen Meinungen anderer. Sie lassen die Meinungen anderer bestimmen, wie sie ihr Leben leben. Als Teenager ein Leben gestalten! Glaubst du, du möchtest vielleicht einen? Sie können jedoch Ihre Perspektive ändern. Sie brauchen nicht die Zustimmung anderer, um sich zu inspirieren, es besser zu machen. Man braucht nur zu fragen . Warum sollte mein Gefühl davon bestimmt werden, was im Kopf eines anderen vorgeht?, grübelte Emerson.

13. Abschaffung des Fernsehers

Ich hatte in der sechsten Klasse einen fantastischen Lehrer. Er hatte eine Art mit Worten, die selbst die hartnäckigsten seiner Schüler (wie mich) dazu brachten, sich auf den Unterricht zu freuen. Das „Was-ist-es“ der Woche war ein fester Bestandteil seines Klassenzimmers. Es war eine bizarre Sache, der keiner von uns jemals zuvor begegnet

war. Jede Woche mussten wir erraten, was es bedeutet, am Ende der Woche einen Preis zu gewinnen. Das „Wo-ist-es“ der Woche zeigte ein Foto von einem unbekannten Ort.
Unsere Kreativität wurde durch diese Faktoren entfacht. Auf sein Drängen hin bauten, formten und erschufen wir ständig Geschichten. Eines Frühlings arbeitete ich an einem Vogelhaus im Hof, erinnerst du dich? Er hatte eine unerschöpfliche Begeisterung für Bildung und für seine Schüler. Und ich habe ihm alles gegeben, weil ich großen Respekt vor ihm hatte. Ich werde auch nie ein Zitat von Mr. Muir vergessen. Er verkündete es oft mitten in einer Unterrichtsstunde zu einem anderen Thema. Das fragliche Sprichwort lautete: "Kündigen Sie Ihren Fernseher!"

Die Auswirkungen des Fernsehens auf den Geist: Mindless Watching

Es scheint, dass Mr. Muir seiner Zeit weit voraus war. Der folgende Artikel wurde zuerst in den AAP News, dem offiziellen Nachrichtenmagazin der American Academy of Pediatrics, veröffentlicht und diskutiert die Verbindung zwischen Fernsehen und Gehirnentwicklung.

Das sich entwickelnde Gehirn ist aufgrund seiner Formbarkeit sehr anfällig für Umwelteinflüsse, wie Neurowissenschaftler belegen konnten. Daher kann jeder Stimulus in der Umgebung eines Kindes eine signifikante, negative Wirkung auf seine kognitive und affektive Entwicklung haben, wenn es ihm wiederholt ausgesetzt wird, entweder durch die Etablierung spezifischer neuronaler Schaltkreise ("Gewohnheiten des Geistes") oder durch die Verhinderung des Zugangs des Kindes zu alternativen Erfahrungen. Umgebungen, die intellektuelle Passivität und Fehlanpassungen fördern (z. B. Impulsivität, Gewalt) oder dem Gehirn wichtige Chancen nehmen, aktiv an sozialen Beziehungen, kreativem Spiel, Reflexion und komplexen Problemlösungen teilzunehmen, behindern die Entwicklung des Gehirns.
Das ist schließlich eine ernste Angelegenheit! Der Artikel weist weiter darauf hin, dass ein moderater Fernsehkonsum bei Kindern im Schulalter für die Zunahme von Fällen von Aufmerksamkeitsdefizit-Hyperaktivitätsstörung (ADHS), Verhaltensproblemen , Sprachschwierigkeiten und den damit verbundenen Schwierigkeiten beim Leseverständnis verantwortlich sein könnte.

Bitte lesen Sie den folgenden beunruhigenden Auszug aus dem Artikel:
Mehr Zeit, die vor dem Fernseher verbracht wird, ist umgekehrt proportional zum schulischen Erfolg, insbesondere beim Lesen. Dies könnte daran liegen, dass Fernsehen statt Lesen ein Ersatz für Leseübungen sein kann, was die Entwicklung der Sprachschaltkreise der linken Hemisphäre behindert. Jazzige visuelle Elemente können einen jungen Geist leicht ablenken und es ihm unmöglich machen, genau auf das zu achten, was gesagt wird. Und der „Zwei-Minuten-Denk" verliert schnell die Geduld bei allem, was mehr als eine oberflächliche Analyse erfordert.
Laut dem Papier wirkt sich dies nachteilig auf eine Vielzahl von Bereichen aus, darunter Lesen, Sprache, Verarbeitungsgeschwindigkeit, Konzentration, Gedächtnis und sogar soziale Fähigkeiten und körperliche Fitness. (Mutter wusste es offensichtlich am besten. (Auch: Fernsehen verursacht Demenz.)
Was macht Fernsehen mit Ihrem Geist?

Benachteiligung des präfrontalen Kortex

Der Aufsatz behauptet, dass der beängstigendste Aspekt der Auswirkungen des Fernsehens auf das Gehirn die Störung der exekutiven Planungsmechanismen des Gehirns ist. Es hat sich gezeigt, dass das Fernsehen negative Auswirkungen auf den präfrontalen Kortex hat, den Bereich des Gehirns, der die Impulskontrolle, das moralische Urteilsvermögen und die Planung reguliert. Diese [Führungs-] Zentren reifen zwischen Kindheit und Jugend, aber Studien haben gezeigt, dass „geistlose“ Unterhaltung wie Fernsehen und Videospiele ihrem Wachstum und ihrer Entwicklung abträglich sein könnten, so der Bericht. Es wäre ein schrecklicher Fehler, Kinder einem Reiz auszusetzen, der die Entwicklung des präfrontalen Kortex hemmen könnte, bis wir ein besseres Verständnis der Beziehung zwischen Umweltreizen und den verschiedenen Stadien der präfrontalen Entwicklung haben.

Wir werden vielleicht nie wissen, ob das Fernsehen wirklich für die Epidemie von Lernschwierigkeiten verantwortlich ist, oder ob diese Probleme nur das Ergebnis der Schnelllebigkeit und übermäßigen Stimulation unserer Kultur sind. Es gibt jedoch einige Daten, die darauf hindeuten, dass die Einschränkung des Fernsehkonsums für viele Haushalte eine unterhaltsame und fruchtbare Erfahrung sein könnte.

14. Verschwinde von deinem eigenen Verstand

Unsere Kultur lehrt uns, nach Leichtigkeit zu suchen. Wir werden ständig mit Werbung für Artikel und Dienstleistungen bombardiert, von denen die überwiegende Mehrheit unser Leben einfacher und weniger anspruchsvoll machen soll.
Dennoch können nur Schwierigkeiten zur Entwicklung führen. Nur durch Widrigkeiten können unsere Fähigkeiten getestet und verbessert werden. Wir können nur wachsen und uns verändern, wenn wir uns schwierigen Situationen stellen und dazu motiviert sind. Angesichts von Widrigkeiten können wir uns entscheiden, entweder aufzugeben oder uns der Situation zu stellen.
Infolgedessen liegt es an Ihnen, regelmäßig aktiv nach neuen Schwierigkeiten zu suchen. Sie sind der einzige, der erkennen kann, wenn Sie in einer sicheren Umgebung gefangen sind. Solange Sie „im Wind leben", um eine Metapher des Dichters William Olsen

auszuleihen, sind Sie dafür verantwortlich, wie Sie Ihr Leben verbringen.

Nutzen Sie Ihre sicheren Räume als Ort zum Aufladen, aber nicht als dauerhaften Wohnsitz. Nutzen Sie sie bewusst, um abzuschalten, neue Kräfte zu tanken und sich im Kopf auf die nächste Herausforderung vorzubereiten. Wenn Sie Ihre Komfortzone jedoch nie verlassen, wird sie zu dem, was Rockmusiker Sting Ihren „Seelenkäfig" nennt. Sei nicht gefangen. Verlassen Sie in einem Düsenflugzeug.

Erfahren Sie, was der Philosoph Fichte meinte, als er sagte: "Freiheit bedeutet nichts. Befreit zu sein ist eine göttliche Erfahrung."

15. Probieren Sie selbst einige neue Stücke aus

Machen Sie Ihren eigenen Plan für die Zukunft. Seien Sie empfänglich für das Spiel und nicht umgekehrt. Treten Sie in die Fußstapfen des ehemaligen Cheftrainers der San Francisco 49ers, Bill Walsh. Aufgrund seiner akribischen Vorbereitung vor dem Spiel wurde er von seinen Kollegen als seltsam bezeichnet. In den meisten Fällen beobachteten die Trainer den Fortschritt des

Spiels, bevor sie Anpassungen an ihrem Spielbuch vornahmen. Aber nicht Bill Walsh. Am Spieltag konnte man Walsh immer mit einem großen Spielbuch in der Hand an der Seitenlinie antreffen. Er hoffte auf eine Reaktion der gegnerischen Mannschaft.
Walshs proaktiver, unkonventioneller Stil half seinem Team, mehrere Super Bowls zu gewinnen. Aber alles, was er tat, war die grundlegende Unterscheidung zwischen Initiieren und Reagieren auf Ereignisse in die Praxis umzusetzen .
Treffen Sie Ihre eigenen Vorbereitungen im Voraus, und Ihr Leben wird sich danach richten. Die Fähigkeit, die Perspektive aufrechtzuerhalten, dass alles im Leben entweder eine Schöpfung oder eine Reaktion ist, wird als ständige Erinnerung daran dienen, sowohl in Bezug auf die Schöpfung als auch auf die Planung proaktiv zu sein. Um ein anagrammatisches Beispiel zu verwenden, betrachten Sie die Wörter „Schöpfung" und „Antwort". Sie enthalten genau die gleichen Buchstaben. (Das könnte erklären, warum Menschen scheinbar so leicht zwischen den beiden wechseln können.)

Es ist nicht ungewöhnlich, dass viele von uns ganze Tage damit verbringen, nur zu reagieren.

Im Schlafzimmer steht ein Radiowecker, und wir stehen alle auf, um die Nachrichten zu sehen. Danach reagieren wir basierend darauf, wie sich unser Körper anfühlt. Wir beginnen dann emotional auf unsere Partner oder unsere Nachkommen zu reagieren. Sehr bald werden wir in das Auto steigen und auf den Verkehr reagieren, indem wir hupen und Handbewegungen machen. Als nächstes erscheint eine E-Mail auf unserem Computer im Büro und wir antworten darauf. Durch unhöfliche Gönner und rücksichtslose Vorgesetzte sind wir zum Handeln gezwungen. Während einer Pause im Geschehen äußern wir unsere Gedanken über die Mittagskellnerin.

Dieser ewige Reaktionszustand ist möglich. Wir sind wie Torhüter in einem lebensechten Hockeyspiel, wo die Pucks nie aufhören zu kommen.

Wir müssen jetzt eine neue Haltung einnehmen. Wir müssen den Puck auf unseren Schläger bekommen und über das Eis rasen, um einen guten Torschuss zu erzielen.

Einige der aufschlussreichsten und hilfreichsten Bücher zu diesem Thema wurden von Robert Fritz geschrieben, der sagt: „Wenn Ihr Leben selbst zum

Gegenstand des kreativen Prozesses wird, eröffnet sich Ihnen eine ganz andere Lebenserfahrung – eine, an der Sie beteiligt sind mit dem Leben in seiner Essenz."

Erstellen Sie einen Spielplan für Ihren Tag, wie ihn Bill Walsh für seine Fußballmannschaften erstellt hat. Die bevorstehenden Aktivitäten sollten als Spiele angesehen werden, die Sie ausführen werden. Wenn Sie die Welt einladen, auf Sie zu reagieren, werden Sie das Gefühl haben, bei den zentralen Ereignissen Ihres Lebens ein Mitspracherecht zu haben, und dies wird Ihnen ein Gefühl von Handlungsfähigkeit und Zweck geben. Wenn Sie diese Entscheidung nicht treffen, ist das Leben, mit dem Sie enden, nicht zufällig. Eine Person, die nicht wählt, wählt immer noch, gemäß einem alten jüdischen Sprichwort.

16. Nehmen Sie Kontakt mit Ihrem inneren Genie auf.

Sie sind Albert Einstein, wenn Sie das nächste Mal ein Bild von ihm sehen. Hier ist Ihre Chance, Albert Einstein zu sagen: "Da bin ich."

Jeder hat das Potenzial, ein Genie zu sein. Es sind keine Vorkenntnisse in Mathematik oder Physik erforderlich, um ein geniales

Denkniveau zu erreichen. Wenn Sie wie Einstein denken wollen, müssen Sie nur regelmäßig Ihre Vorstellungskraft einsetzen. Allerdings ist dieser Ratschlag für Erwachsene schwer zu beherzigen, da sie ihre Vorstellungskraft normalerweise für eine Sache aufheben: sich Sorgen zu machen. Den ganzen Tag über stellen sich Erwachsene die schlimmstmöglichen Ergebnisse vor. Die Fähigkeit einer Person, zu visualisieren , konzentriert sich vollständig auf lebhafte mentale Bilder ihrer schlimmsten Ängste.

Was sie nicht erkennen, ist, dass Angst nichts anderes als eine falsche Anwendung ihrer kreativen Fähigkeiten ist. Spekulatives Denken ist eine der besten Eigenschaften der Menschheit. Selbst wenn ein Besorgter einen viel höheren IQ hat als ein Schöpfer, erreicht der Schöpfer oft mehr, als der Besorgte sich jemals erhoffen könnte. Menschen, die regelmäßig ihrer Fantasie freien Lauf lassen, werden von Gleichaltrigen oft als „Genies“ gefeiert, als wäre Genie eine vererbbare Eigenschaft. Wenn Sie sie als Menschen betrachten, die regelmäßig ihr Genie nutzen, werden Sie besser verstehen, wer sie sind.

Napoleon sagte in Anerkennung dieses angeborenen Genies in jedem von uns den

berühmten Ausspruch „Die Vorstellungskraft regiert die Welt“.
Die Vorstellungskraft war für Sie als Kind ein natürliches Werkzeug, und Sie haben sie auf diese Weise eingesetzt. Sie haben Details phantasiert und erfunden. Du warst ein Träumer, der sowohl tagsüber als auch nachts an sie glaubte, als du auf eine magische Reise durch deine rechte Gehirnhälfte gingst.
Sie werden angenehm überrascht sein, wie viele neue und unmittelbare Lösungen für Ihre Probleme Ihnen einfallen, wenn Sie sich erlauben, zu diesem Zustand des Selbstvertrauens zurückzukehren und wieder zu träumen.
Einst von Einstein zitiert: **„Fantasie ist wichtiger als Wissen.“** Ich hatte keine Ahnung, was er meinte, als ich ihn das sagen hörte. Früher dachte ich, dass die Lösung für jedes komplexe Problem einfach darin besteht, mehr über das jeweilige Thema zu erfahren. Ich dachte mir, es würde mir gut gehen, wenn ich mir einfach ein paar nützlichere Fähigkeiten aneignen könnte. Im Nachhinein hätte ich wissen müssen, dass mir Kompetenz fehlt, nicht Information. Ich musste die Fähigkeit verbessern, meine Vorstellungskraft gezielt einzusetzen.

Und sobald ich diese Fähigkeit gemeistert hatte, bestand der erste Schritt darin , mir die Person vorzustellen, die ich letztendlich werden wollte. Fred Knipe , ein berühmter Songwriter, hat tatsächlich einen Song über genau dieses Thema geschrieben. Es war für den Soundtrack eines für Teenager produzierten Videos, in dem es darum geht, wie sie sich vorstellen können, erfolgreich zu sein, was sie tun wollten: \ s“ Das bist du / in deinen wildesten Träumen / tust die wildesten Dinge / niemand sonst kann es tun. Wenn du / diese Träume / die wildesten Träume / einfach liebst und behältst, wirst du dich selbst wahr werden lassen.”
Um uns selbst zu verwirklichen, müssen wir die Kraft zum Träumen entwickeln. Träumen in seinem proaktiven Sinne ist starke Arbeit. Es ist die Designphase der Gestaltung der Zukunft. Es braucht Vertrauen und es braucht Mut. Aber das Größte am aktiven Träumen ist nicht das letztendliche Erreichen des Ziels – das Größte ist, was es mit dem Träumer macht

17. Gehen Sie auf Ihre Ängste zu

Ich finde es faszinierend, wie Löwen jagen. Nach dem, was ich gelesen habe, erledigen

Löwinnen den Großteil der Arbeit. Die Männchen sind mit ihren Mähnen und ihrem lauten Gebrüll eindeutig extrem furchterregend, aber es sind die Weibchen, vor denen Sie am vorsichtigsten sein müssen .

Das Fehlen einer großen, unterscheidbaren Mähne hilft Löwinnen tatsächlich dabei, sich an ihre Beute heranzuschleichen. Sie lauern auf der Lauer, verborgen im hohen Gras, unbeweglich wie Statuen.

Ich hörte einen Vortrag von Pastor Brian Houston, in dem er erklärte, dass Männer eine kleine, aber bedeutende Rolle spielen. Während die Damen ihre Beute von hinten verfolgen, wird der König des Dschungels von vorne kommen und eines dieser Gebrüll entfesseln, das ihn an die Spitze der Nahrungskette stellt. Dieses Geräusch ist so laut, dass es in einer Entfernung von bis zu acht Kilometern zu hören ist . Die Gazelle und die Antilope fliehen so schnell wie möglich, nachdem sie das unheimliche Gebrüll gehört haben.

Was sie nicht erkennen, ist, dass die Person, die gebrüllt hat, mehr Bellen als Biss ist, obwohl es schrecklich schien. Also machen sie sich auf den Weg, direkt in die Spur der wahren Gefahr: die im Hinterhalt lauernde

Löwin. Mit anderen Worten, die Instinkte der Beute sind falsch. Ihren Instinkten zu folgen, treibt sie dazu, den letzten Fehler ihrer kurzen Existenz zu begehen. Es scheint widersprüchlich, aber die richtige Handlung wäre, auf das Gebrüll zuzulaufen.

Erstaunlich, wie oft das vorkommt. Wenn Sie es vermeiden, sich Ihren Sorgen zu stellen, werden sie immer direkt hinter Ihnen sein. Sie müssen die innere Stimme ignorieren, die Ihnen sagt, dass Sie vom Tatort fliehen sollen. Das ist nicht dein Verbündeter.

Wenn Sie die Kampf-oder-Flucht-Reaktion und das Bedürfnis zu fliehen erleben, tun Sie das Gegenteil. In Richtung des Brüllens.

Jennie und ich trafen diese Entscheidung, als wir überlegten, wie wir auf den schrecklichen Albtraum reagieren sollten, dass uns unsere Tochter weggenommen wurde. Jeder erlebt Trauer auf einzigartige Weise. Es ist keine Wissenschaft, sondern ein Prozess. Wir haben uns jedoch vorgenommen, auf das Getümmel zuzusprinten. Das Folgende ist ein Auszug aus meinem Tagebuch, in dem ich unsere Strategie erläutere.

Angesichts dessen wurden wir von Trauer überwältigt. Beim Auspacken des Gepäcks , das sie zu ihrer Großmutter mitgebracht hatte und das die Kleidung enthielt, die sie am

Donnerstag trug, bevor sie ihr Sterbeoutfit anzog, war es äußerst verlockend, sich zu verstecken oder sich an der Kleidung festzuhalten. Entweder behält sie sie als Andenken, erhebt ihre gesamte Kleidung zu einem heiligen Status oder sie öffnet sie überhaupt nicht und weigert sich, dieses Reich zu betreten. Aber wir haben uns dafür entschieden, sie zu umarmen und darüber zu weinen, während wir sie darauf riechen, und dann haben wir sie gewaschen, damit Daisy und später Clover sie eines Tages tragen können. Es würde keine Heiligkeit geben. Wir wollten keine Kisten voller Souvenirs, die explodieren würden, wenn wir in zehn Jahren darauf treten. Als wir uns Bilder ansahen, Filme ansahen und ihre Sachen durchsuchten, trafen wir die Entscheidung, dieses Biest seine Zähne in uns versenken und sein Gift ausstoßen zu lassen, indem es es an unsere Brust brachte. Obwohl es mich entsetzte, war ich gezwungen, ihm in die Augen zu sehen und zu sagen: „Mach dein Schlimmstes", während meine Beine zitterten. Möglicherweise wird es uns töten, aber wenn wir es überleben können, müssen wir nicht länger in Angst leben. Ich wollte nicht, dass sich irgendetwas an mich heranschleicht. Ich würde in die Tiefen dieser

Angst hinabsteigen und sie bis zum allerletzten Tropfen austrinken. Ich blieb vier oder fünf Tage lang jede Nacht bis 3:00 Uhr oder später auf, schaute mir Videos an, machte Fotos und erlebte ihre fünf Jahre auf der Erde noch einmal, um die besten Filme und Bilder auszuwählen, die sie bei ihrer Feier der Welt zeigen sollte konnte etwas über sie erfahren. Es wäre einfacher gewesen, ein Xanax zu nehmen und schluchzend im Bett zu sitzen, aber ich wusste, dass das das Unvermeidliche nur hinausgezögert hätte. Keine Schreine und keine Minen... Wir haben alles ertragen und uns dann in die Zukunft bewegt.

Einer der herausforderndsten Tage war, als uns das Krankenhaus eine Kiste mit Lenyas Notfallkleidung überreichte. Ich wollte es nicht öffnen. Wir wollten in die entgegengesetzte Richtung fliehen. Jennie und ich wappneten uns nach und nach und stellten uns der Situation. Die Schachtel enthielt ihre winzigen Socken, Leggings und das Oberteil , das ihr operativ entfernt worden war. Jeder Mitarbeiter der Notaufnahme hatte eine Karte unterschrieben, die dem Paket beilag. Als Erinnerung hatte eine Krankenschwester in der Notaufnahme Lenyas Hand- und

Fußabdruck mit Tinte festgehalten und unten auf die Karte gesetzt.
Jennie und ich schluchzten auf dem Boden, als wir jedes Ding vorsichtig herausholten. Meine Haut fühlte sich an, als würde sie brennen, und meine Gedanken erhitzten sich. Die Socken haben mich mehr als alles andere zerstört. Es überstieg meine Kapazität zu ertragen. Wir weinten zusammen, schrien zu Gott und beteten für das Personal der Notaufnahme. Dann standen wir auf.
Ich hoffe, Sie werden nie von einem solchen Schwert ins Herz gestochen, aber ob es uns gefällt oder nicht, wir alle müssen uns unseren Ängsten auf kleine und große Weise stellen oder unser Schicksal aufgeben. Der einzige Weg, die Fische zu fangen, die Sie fangen sollen, und das Leben zu erreichen, das Sie berühren sollen, besteht darin, sich in die Tiefe zu wagen und durch beängstigende Situationen zu navigieren. Glatte Meere haben noch nie einen erfahrenen Segler hervorgebracht.
Gott ruft uns auf, in beängstigende Gebiete zu gehen, damit wir Ihm vollkommen vertrauen. Die einzige Möglichkeit zu sehen, wie Gott die Dinge tut, die er in und durch Sie zu tun beabsichtigt, besteht darin, immer und immer wieder auf das Gebrüll zuzueilen.

Ich beobachte diesen Geist der Beharrlichkeit im Leben des jungen David. Als er von Goliath im Tal von Elah herausgefordert wurde, näherte er sich dem neun Fuß großen Krieger nicht, der den jungen Hirten mit dem Tod bedrohte. Als nun der Philister aufstand, sich näherte und sich David näherte, ging David eilig zum Heer, um den Philister zu konfrontieren.

Es ist erstaunlich, dass David sogar bereit war, gegen Goliath zu kämpfen. Es ist erstaunlich, dass er dem scheinbar sicheren Tod entgegenlief. Am Ende tötete er den Riesen, aber zuerst musste er sich dem nähern, was ihm am meisten Angst machte.

Wozu bist du gerade in deinem Leben berufen? Vielleicht ist es ein Lied, das Sie komponieren sollen, oder eine Kirche, die Sie gründen sollen. Vielleicht geht es darum, Ihre Kinder zu Hause zu unterrichten oder Ihrem Kind zu erlauben, eine öffentliche Schule zu besuchen, damit es seinen Glauben ausdrücken und eine Quelle von Salz und Licht sein kann. Zögern Sie zwischen der Sicherheit eines Jobs, den Sie verachten, und dem Schrecken, Ihr eigenes Unternehmen zu gründen? Vielleicht sollten Sie zur Schule zurückkehren, oder vielleicht sollten Sie sich außerhalb des Colleges um eine andere Art von Bildung bemühen.

Ich kann Gottes Willen für Ihr Leben nicht bestimmen. Es gibt keinen Geheimweg. Ich kann Sie nur warnen, dass Sie Ihre Entscheidungsfindung nicht von der Angst beeinflussen lassen dürfen . Angst kann nicht ignoriert werden, aber sie muss dich nicht kontrollieren. Ich verspreche dir, Davids Herzschlag hämmerte wie eine Kriegstrommel in seiner Brust, und jede Faser seines Körpers bat ihn, zu fliehen, doch er stürzte auf den Riesen zu. Wahre Tapferkeit ist nicht das Fehlen von Angst, sondern das Voranschreiten trotz dieser Angst.

Ich bin mir sicher, dass es sich in diesem Moment fantastisch anfühlen wird, dem Trubel den Rücken zu kehren. Sobald Sie sich von dem Wahnsinn, den Sie betrachteten, distanziert haben, werden Sie einen freudigen Schwindel erleben. Sie werden dies berücksichtigen, wenn Sie den Staub von Ihren Händen waschen und bereit sind, wie gewohnt zum Geschäft zurückzukehren.

Aber sich im Busch zu verstecken, weit entfernt von den wilden Rufen, denen Sie nachjagen sollen, ist ein weitaus bedrohlicherer Gegner, als Sie sich jemals hätten vorstellen können: der Tod. Das Ende der Träume, die Gott in dich gepflanzt hat. Das Ende des Lebens, für das du geboren wurdest. Wenn ein schleichendes Leck in Ihrem Reifen Ihre Fahrtüchtigkeit beeinträchtigt, haben Sie sich der Chance beraubt, etwas zu konfrontieren, das Sie erschreckt hat. Wenn Sie sich weiterhin so verhalten, werden die Muskeln Ihres Glaubens schließlich verkümmern. Um den unvergleichlichen William Wallace von Braveheart zu paraphrasieren:

Ja, kämpfe und du stirbst vielleicht. Lauf, und du wirst leben... für eine Weile. Und wenn Sie in vielen Jahren in Ihren Betten sterben würden, wären Sie dann bereit, alle Tage zwischen jetzt und dann gegen eine Chance einzutauschen, nur eine Chance, hierher zurückzukehren und unseren Feinden zu sagen, dass sie uns das Leben nehmen könnten, aber Sie werden niemals... unsere Freiheit stehlen?

Ja, die Annäherung an das Geräusch kann unangenehm sein, und es gibt keine Gewissheiten. Es ist auch möglich, die Richtung des Brüllens, in die Sie rennen, falsch zu verstehen. Es kann eine Sackgasse sein. Es werden unbeantwortete Fragen bleiben, wenn man ein Glaubensleben führt, denn um Glauben zu haben, muss es Geheimnisse geben. Das Leben in der Tiefe, in der Tat. Es wäre ideal, wenn wir gleichzeitig die Sicherheit der Küste und die Möglichkeiten des weiten Ozeans genießen könnten, aber das ist nicht der Fall. Nichts gewonnen von nichts riskiert. Wenn Sie Fische fangen möchten, müssen Sie dort ablegen, wo sich die Fische aufhalten.

18. Methoden der sozialen Interaktion

Die Entwicklung sozialer Fähigkeiten kann eine aufregende Reise sein. Die Fähigkeit, sich mit einer anderen Person zu verbinden, ist der Schlüsselfaktor für eine erfolgreiche Partnerschaft. Es gibt zahlreiche Möglichkeiten, wie Menschen miteinander interagieren. Es könnte eine romantische Beziehung, Kunden, Mitarbeiter oder sogar Geschäftspartner in der Hochdruckreinigungsbranche sein. Der Aufbau von Beziehungen ist ein Prozess, der aufmerksames Zuhören, Empathie und Verständnis für die Perspektive der anderen Person erfordert. Und hier sind einige zusätzliche Tipps zur Verbesserung Ihrer sozialen Fähigkeiten.

Identifizieren Sie Übereinstimmungsbereiche

Das Finden gemeinsamer Interessen und Werte ist der erste Schritt, um eine sinnvolle Verbindung zu einer anderen Person aufzubauen. Finden Sie heraus, was Sie mit jemandem teilen, seien es Überzeugungen oder Erfahrungen. Finden Sie gemeinsame Unternehmungen, die Ihnen beiden Freude bereiten. Untersuchen Sie die Interessen und Abneigungen der anderen Person gründlich. Die beste Methode, um herauszufinden, was jemand mag und was nicht, ist, ihm offene Fragen zu stellen und sich seine Antworten anzuhören.

Leistungsfähiges Hören

Wenn Sie sich nicht bemühen, andere um Sie herum zu hören, können Sie nicht erwarten, sich mit ihnen zu verbinden. Sie müssen sich viel Zeit nehmen, um zuzuhören und zu verarbeiten, was sie sagen. Effektive Kommunikation beginnt mit aufmerksamem Zuhören. Konzentrieren Sie sich ganz auf Ihr

Gegenüber und führen Sie keine Nebengespräche. Legen Sie den Hörer auf, urteilen Sie nicht und hören Sie stattdessen aufmerksam zu.

Meister Mitgefühl

Erhöhen Sie Ihre Empathiefähigkeit. Was wir mit „Empathie" meinen, ist die Fähigkeit, die Gefühle und Erfahrungen einer anderen Person zu verstehen und zu teilen. Es ist viel einfacher, sich mit jemandem zu verbinden, wenn Sie sich in seine Lage versetzen können. Wenn Sie aufmerksam zuhören und die Gefühle des anderen anerkennen, können Sie Empathie entwickeln. Zeigen Sie, dass Sie die Gefühle der anderen Person teilen und angemessen darauf reagieren können.

Sei ehrlich

Wenn Sie sich mit jemandem verbinden möchten, müssen Sie echte Neugierde für ihn zeigen. Es hat keinen Sinn, Menschen glauben zu machen, dass Sie jemand sind, der Sie nicht sind, wenn Sie nicht bereit sind, sich mit ihnen zu verbinden. Erkundigen Sie sich nach der anderen Person, ohne zu viel herumzuschnüffeln oder zu intim zu werden. Das Teilen persönlicher Daten mit ihnen kann dazu beitragen, dass sie sich bei Ihnen wohler fühlen.

Vielfalt erkennen und wertschätzen.

Erkenne, dass keine zwei Menschen jemals identisch sein werden. Es ist wichtig zu erkennen , dass nicht jeder, den Sie treffen, Ihre Ansichten oder sogar Ihr Interesse teilen muss. Das Schöne am Leben ist, dass es immer interessanter sein kann, wenn man bereit ist, ein paar Menschen mit unterschiedlichen Ansichten zu tolerieren. Herauszufinden, was jemanden wirklich ärgert, ist die beste Wahl, wenn es dir schwer fällt, mit ihm auszukommen oder mit jemandem zu tun zu haben, den du irritierend findest. Es ist am besten, nicht zu versuchen, die Situation zu ändern, sondern sie in ihrem aktuellen Zustand anzunehmen. Der Aufbau von Beziehungen erfordert, dass Sie sich Zeit für diejenigen nehmen, die Ihnen wichtig sind. Lass die Zeit ihren Lauf nehmen; Vertrauen und Nähe aufzubauen braucht Zeit.

19. Akzeptieren Sie Ihren Status als mächtige Person.

Sie können keine wahre Zufriedenheit und keinen Erfolg im Leben finden, bis Sie lernen, Ihre eigene einzigartige Kraft zu erkennen , zu akzeptieren und zu kultivieren. Dies ist die Kraft in Ihnen, die Quelle der Inspiration und Initiative, die Sie antreibt, Ihre Ziele zu verfolgen.

Auch wenn diese Stärke jedem Menschen innewohnt, nutzen viele sie nicht, sei es aus mangelndem Selbstbewusstsein oder aus Angst, überheblich zu wirken. Wie auch immer Sie hierher gekommen sind, wenn Sie erfolgreich sein und Ihre Ziele erreichen wollen, müssen Sie lernen, Ihrer eigenen Stärke zu vertrauen und sie zu nutzen.

Wenn Sie dies tun, werden Sie Ihre persönliche Entscheidungsfreiheit in Ihrem Leben geltend machen. Es bedeutet, dass Sie Ihr eigenes Leben in die Hand nehmen und Ihre eigenen Entscheidungen treffen. Inspirieren Sie sich selbst, Maßnahmen zu ergreifen und Ihre Wünsche Wirklichkeit werden zu lassen. Wenn Sie es leid sind, sich machtlos zu fühlen, ist es an der Zeit, Ihre Unabhängigkeit zu behaupten und Ihr Leben zu etwas zu machen, für das Sie es kaum erwarten können, aufzustehen.

Sie müssen zugeben, dass das leichter gesagt als getan ist. Es braucht Zeit und Übung , um seine persönliche Kraft ausdrücken zu können. Aber wenn Sie bereit sind, sich anzustrengen, können Sie Ihr Leben in vielerlei Hinsicht verbessern. Als solches werde ich die folgenden fünf Vorschläge machen, um Sie zum Laufen zu bringen.

Gehen Sie Ihrer Seele auf den Grund und schreiben Sie Ihre Hindernisse auf.

Verbringen Sie einige Zeit damit, über die Hindernisse nachzudenken, die Ihnen im Weg stehen, und schreiben Sie sie dann auf. Machen Sie sich Sorgen darüber, was die Leute über Sie sagen werden? Befürchten Sie, dass Sie als arrogant missverstanden werden könnten? Haben Sie sich so sehr mit den Bedürfnissen anderer beschäftigt, dass Sie vergessen haben, sich um sich selbst zu kümmern? Erstellen Sie eine Liste der Dinge, die Sie davon abhalten, Ihre Macht vollständig zu besitzen, damit Sie anfangen können, Anpassungen vorzunehmen.

Grenzen setzen

Für diejenigen, die Schwierigkeiten haben, ihre eigenen Bedürfnisse zugunsten der anderer zu priorisieren , kann es hilfreich sein, feste Grenzen zu setzen. Erlaube dir, dir Zeit für dich zu nehmen. Setzen Sie sich einen Zeitplan mit regelmäßigen Belohnungen und Pausen und halten Sie die Versprechen, die Sie sich selbst geben. Andere werden den Unterschied bemerken, wenn Sie sich verbessern und Ihrem idealen Selbst ähnlicher werden.

Freundlichkeit zu sich selbst ist ein Akt der Freundlichkeit zu anderen.

Warst du selbst dein schlimmster Kritiker? Es ist bedauerlich, dass es uns so leicht fällt, uns selbst zu verprügeln und uns einzureden, dass wir nicht auf der Höhe der Zeit sind. Seien Sie geduldig und nett zu sich selbst. Sie werden glücklicher, produktiver und selbstbewusster, wenn Sie sich bemühen, die Kritiker in Ihrem Kopf zum Schweigen zu bringen.

Ergreifen Sie die Initiative und setzen Sie sich einige Ziele.

Du kannst kleine Schritte machen, wenn du möchtest, aber du solltest dir trotzdem etwas geben, wonach du streben kannst. Dies wird Sie auf den richtigen Weg weisen und Sie darin unterweisen, wie Sie Ihre eigene Autorität aufbauen und nutzen können, damit Sie Ihre Ziele erreichen können. Ein enormes Gefühl der Zufriedenheit wird sich bei Ihnen einstellen, wenn Sie jeden Meilenstein erreicht haben.

Haben Sie Vertrauen in sich selbst Zu guter Letzt ist dies ein herausforderndes Thema, aber Vertrauen in sich selbst zu gewinnen, kann Ihnen einen nie geahnten Schub an Selbstvertrauen geben. Wenn Sie diese Tatsache über sich selbst akzeptieren, werden Sie Ihre eigene Kraftquelle entdecken.

20. Die kleinen Dinge, die du jeden Tag tust, die einen großen Unterschied machen

Die meisten von uns assoziieren Rituale mit Feierlichkeit und Komplexität, wie zum Beispiel den Pomp und die Umstände einer Hochzeit, doch die wissenschaftliche Meinung ist anders. Studien haben gezeigt, dass sogar nicht-religiöse Rituale sehr einfacher Art einen erheblichen Einfluss auf die Stimmung haben können.

In einer Studie berichteten Teilnehmer, die ihre Trauer auf Papier schrieben, es mit Salz bestreuten und es dann zerrissen, von einer größeren Verbesserung ihres emotionalen Zustands als diejenigen in der Kontrollgruppe, die sich nicht an diesem Ritual beteiligten. Eine andere Studie zeigte, dass sich die Teilnehmer besser fühlten, nachdem sie ihre negativen Ideen niedergeschrieben und dann zerstört hatten, obwohl dieses Verhalten völlig kontraintuitiv ist.

All dies ist an sich schon interessant, aber vielleicht nicht so, wie Sie es sich ohne weiteres vorstellen können, es in Ihren typischen Tag zu integrieren. (Können Sie sich die Gesichtsausdrücke Ihrer Kollegen vorstellen, wenn Sie plötzlich anfingen, Salz auf Ihre Papiere zu streuen?) Gibt es da draußen irgendwelche Ratschläge zu praktischen, kontrollierbaren Gewohnheiten, mit denen Sie tatsächlich beginnen möchten?

Sicherlich gibt es sie. Der Blog Barking Up the Wrong Tree hat gerade einen ausführlichen, hilfreichen Essay veröffentlicht, der nicht nur die unerwartete Wissenschaft der Rituale zusammenfasst , sondern auch ein paar Arten von perfekt praktischen Ritualen anbietet, von denen jeder profitieren kann, wenn er sie in sein tägliches Leben einführt. Zum Beispiel,

Ein frommer Brauch zum Genießen

Verbessern Sie die angenehmen Zeiten, indem Sie eine positive Geisteshaltung bewahren. Der Aufsatz schlägt vor, Dinge wie das Teilen guter Nachrichten mit einem Partner oder regelmäßige Mahlzeiten mit der

Familie zu tun, und bietet eine lange Liste interessanter Studien, die beweisen, dass wir sie mehr wertschätzen, wenn wir uns auf die Dinge konzentrieren, die uns Spaß machen. (Wussten Sie, dass die Wissenschaft gezeigt hat, dass ein Toast den Geschmack von Wein verbessert?)

Wenn Sie also das Beste aus einer der kleinen Freuden des Lebens herausholen möchten – sagen wir Kaffee –, erstellen Sie eine spezielle Routine für sich selbst, der Sie jedes Mal folgen, wenn Sie Ihr Lieblingsgebräu in Ihrer Lieblingstasse zubereiten.

eine vorläufige Zeremonie

Das Erstellen einer gewohnheitsmäßigen Reaktion auf den Einstieg ist eine Strategie zur Bekämpfung des Aufschiebens. Die erste Phase ist normalerweise das, was die Leute meinen, wenn sie über das Aufschieben sprechen. In den meisten Fällen ist die anfängliche Anstrengung der schwierigste Teil. Wenn also eine Person diese eine Routine machen kann, ist der Rest viel einfacher. Ich für meinen Teil werde fünf Minuten auf die Uhr setzen. Gib mir fünf

Minuten und ich surfe online. Wenn der Summer ertönt, beginne ich mit x. Sagen wir für den ersten Schritt x.

Glücksbräuche

Auch wenn es den Anschein hat, dass Glück reiner Zufall ist, haben Studien gezeigt, dass es viele Dinge gibt, die getan werden können, um die Glückschancen zu verbessern. Die Durchführung eines Glücksrituals scheint eine Methode zu sein. Auch wenn dir diese Hasenpfote keinen Gefallen von den Geistern bringt, kann sie dir helfen, dich selbstbewusster und optimistischer zu fühlen, was deine Erfolgschancen erhöhen kann.

Einige Spieler haben sehr lustige Rituale vor dem Spiel. In dieser Studie wollten wir feststellen, ob diese Art von Ritualen tatsächlich dazu beitragen, das Selbstvertrauen und die Kompetenz zu stärken. Tatsächlich war das unsere Entdeckung", fügt sie Berichten zufolge hinzu. Fühlen Sie sich nicht schlecht, wenn Sie sich auf abergläubische Praktiken einlassen , um Ihr Selbstvertrauen vor einem High-Stakes-Test oder einer Leistung zu stärken. Ihre Gesundheit wird wahrscheinlich davon profitieren.

21. Schöpfer von Jüngern

Inwieweit identifizierst du dich als Christ? Wenn das der Fall ist, dann sind Sie einer der Nachfolger von Jesus. Ein Jünger ist jemand, der unter den Lehren eines anderen, in diesem Fall Jesus, studiert oder sich verpflichtet, diesen zu folgen. Jesu letzte Worte an seine Jünger waren: „Geht hin und macht alle Völker zu Jüngern, tauft sie auf den Namen des Vaters und des Sohnes und des Heiligen Geistes und lehrt sie alles, was ich euch geboten habe", bevor er auffuhr in den Himmel. Jesus wies seine Nachfolger an, hinauszugehen und mehr Nachfolger aus ihm zu machen.

Wie also macht man Zuhörer zu treuen Anhängern? Um ehrlich zu sein, gibt es keine narrensichere Methode. Es ist wahr, dass der Weg zur Reife jedes Schülers etwas anders aussieht. Das ist ermutigend, weil es darauf hindeutet, dass Gott jeden von uns gebrauchen kann, um neue Jünger zu machen. Um Ihnen und mir dabei zu helfen, zu Jüngern zu werden, die andere zu Jüngern machen, habe ich eine Liste mit neun Schritten zusammengestellt, die Sie jetzt unternehmen können.

- Erkenne an, dass du ein schrecklicher Sünder bist, der einen schrecklichen Retter braucht. Die Schwere unserer Sünde zu erkennen, ist wesentlich, um das Opfer Jesu wertzuschätzen. Um ehrlich zu sein, wir erfüllen Gottes makellose Anforderungen nicht. Die Erwartungen diesbezüglich werden wir immer wieder nicht erfüllen. Deshalb, sagt Paulus in Römer 1,18, verdient die Sünde Gottes Zorn (ewige Strafe). Die gute Nachricht ist jedoch, dass Jesus Christus auf die Erde kam, das perfekte Leben führte, das wir nicht leben konnten, und den Tod starb, den wir verdient hatten, damit wir ewiges Leben in Gottes Gegenwart haben würden. Jesus trat ein und wurde für unsere Sünde, Zwangslage und Position verantwortlich. Aber er wurde wegen unserer Übertretungen verwundet, er wurde wegen unserer Missetaten zermalmt, auf ihm lag die Züchtigung, die uns Frieden brachte, und durch seine Wunden sind wir geheilt (Jesaja

53,5). Das bedeutet, dass Sie und ich ernsthafte Sünder sind. Jesus ist jedoch ein ausgezeichneter Retter .

- Erkenne deine Zuneigung zu Gott (Seine Schönheit, Seine Heiligkeit, Seine Macht und Seine Treue). Nur Gott kann angebetet werden. Der einzig wahre Gott existiert in ihm. Im Gegensatz zu allen anderen ist er einzigartig. Seine Majestät ist unübertroffen, die Reinheit seines Charakters ist unvergleichlich, seine Macht ist unendlich und seine Treue ist beständig. Wenn Sie sich in Gott verlieben wollen, lernen Sie Ihn tief kennen. Und je mehr du ihn liebst, desto mehr möchtest du, dass auch andere ihn kennenlernen.

- Machen Sie es sich zur Gewohnheit, Gottes Wort jeden Tag zu lesen und ihm zu gehorchen. Wenn Sie mehr über Gott erfahren möchten , gibt es keinen besseren Ausgangspunkt als Gottes eigenes Wort. Der Herr hat uns sein unfehlbares und erleuchtendes Wort in Form von 66 Büchern gegeben. Jeder Teil der Bibel offenbart etwas Neues über Gott und wer Er ist. Wir stellen uns Gott zur Verfügung, wenn wir sein Wort regelmäßig lesen und uns seiner Autorität unterwerfen. Darüber hinaus wird Gott unsere Verfügbarkeit ständig nutzen. Ein Gebet wie „Gott, ich bete, dass dein Wille in meinem Leben geschehe“ könnte hilfreich sein. Ich ergebe mich Dir und Deinem Wort und werde alles tun, was Du befiehlst.

- vom Heiligen Geist geführt werden. Wenn wir uns dem Herrn hingeben, erlauben wir ihm, unsere Schritte zu lenken. So wie der Heilige Geist Paulus zwang, nach Damaskus zu gehen, so führt Er uns auch. Er wird uns zu unserem Ziel führen, und wenn wir dort sind, wird Er uns die entsprechenden Ausdrücke geben.

- Engagiere dich in einer christlichen Gemeinschaft (wenn möglich). Ich schränke dies mit dem Vorbehalt „wenn möglich“ ein, weil mir bewusst ist, dass manche Menschen nicht in der Lage sind, sich mit Gläubigen zu verbinden. In bestimmten Teilen der Welt könnten Sie der einzige Verfolger über Hunderte von Kilometern sein herum (hoffentlich nicht für immer). Das stimmt zwar, aber die meisten von uns (insbesondere in den Vereinigten Staaten) mögen auch die

Praktikabilität, eine örtliche Gemeinde zu haben. Die Frau Christi, die Gemeinde, ist das Werkzeug, durch das Gott alle Völker zu sich führen wird. Um Teil dieser Mission zu sein, müssen wir uns aktiv in einer Ortsgemeinde engagieren.

- Treffen Sie sich mit einer eng verbundenen Gruppe treuer Menschen, Nummer sechs. Auch dies setzt voraus, dass Sie in einer Gemeinschaft mit anderen Christen leben und somit Zugang zu regelmäßigen Gottesdiensten haben. In einem früheren Artikel habe ich darüber gesprochen, wie wichtig es ist, sich regelmäßig mit einer Kerngruppe von Gläubigen zu treffen. Das wird hier ausführlich besprochen.

Erkenne, dass es nicht den einen richtigen Weg gibt, anderen deinen Glauben an Jesus mitzuteilen.

- Es besteht die Möglichkeit, dass Sie erwägen...

- Meinen Glauben an Jesus zu teilen, ist für mich eine Priorität. Ein Jünger zu sein, der Jünger macht, ist eines meiner Ziele. Aber mir fehlen die Worte, wenn ich mit jemandem rede. Es ist nicht notwendig, eine Rede zu halten, wenn man das Evangelium verbreitet. Pingen Sie jemanden an und erkundigen Sie sich nach seinem Hintergrund. Hör mal zu. Nachdem Sie zugehört haben, können Sie Fragen stellen und Ihren eigenen Beitrag leisten, wenn Sie offen sind. Obwohl es so etwas wie eine narrensichere Strategie nicht gibt, gibt es einen unfehlbaren Retter .

- priorisieren jemand anderen zu Jüngern machen.

- Ich kann Ihnen jetzt sagen, dass die Zeit das größte Hindernis ist, das viele von Ihnen daran hindert, erfolgreich Jünger zu werden. Es kann schwierig sein, sich regelmäßig mit jemandem zu treffen, der in einen vollen Terminkalender passt, und ich kann mich darauf beziehen. Der Prozess, Jünger zu machen, setzt sich auch dann fort, wenn Sie miterlebt haben, wie jemand Christus als seinen Retter angenommen hat. Sie sind so neue Christen, dass sie immer noch mit geistlicher Säuglingsnahrung stillen. Sie benötigen genau wie Sie Unterricht in

Bibelstudium, Gebet und Evangelisation. Das wissen nicht nur „ultra-spirituelle" Christen zu schätzen. Fragen Sie einfach höflich nach einem gemeinsamen Bibellesen für ein Buch im nächsten halben Jahr. Besprechen Sie dann mit ihnen, was Sie gelesen haben und wie es Ihnen Gott offenbart. Es wird nicht lange dauern, aber Sie müssen etwas Zeit einplanen.

22.Tipps für angehende Privatdetektive

Eine positive Geisteshaltung besitzen

Tun Sie, was getan werden muss, und hören Sie auf, die Dinge eitern zu lassen. Die richtige Mentalität ist entscheidend für den Erfolg bei jedem Unterfangen . Sie müssen gut vorbereitet sein, bevor Sie sich als kompetenter Detektiv betrachten können. Schreiben Sie Dinge auf und gewöhnen Sie sich daran, in nicht verwandten Bereichen herumzustöbern, um Ihre Ziele zu erreichen.

Kultivieren Sie Ihre sozialen Fähigkeiten. Dazu gehört es, sich wohl zu fühlen, mit Fremden zu sprechen, sie zu beruhigen und ihnen Fragen zu stellen. Sie müssen auch in der Lage sein, klar zu argumentieren und die Ihnen gegebenen Daten mental zu organisieren . Sich an Details zu erinnern, ist besser als sie später aufzuschreiben, da Sie während des Vorstellungsgesprächs möglicherweise keine Gelegenheit haben, sich Notizen zu machen.

Sprechen Sie mit einem Verwandten oder Freund der Familie, der sich mit Detektivarbeit auskennt. Wenn Sie einen Verwandten oder Freund haben, der Detektiv, Polizist oder Ermittler ist, könnten Sie ihn fragen, was er tut und worauf ein guter Detektiv achten sollte.

Stärkung Ihrer Erkennungsfähigkeit

Bereiten Sie sich auf das vor, was kommen wird, indem Sie jetzt die notwendige Arbeit erledigen. Gehen Sie Risiken ein und machen Sie sich bereit für alles, was Ihnen in den Weg kommt. Überprüfen Sie Ihre Fakten immer noch einmal, denn wenn jemand sie falsch interpretiert, könnte dies zu einer großen Konfrontation führen.

Detektivarbeit und Detektivgeschichten lesen . Finden Sie heraus, wie Sie auf die kleinsten Dinge achten und handeln können. Wenn Sie der Detektiv wären, wie würden Sie an einen Fall herangehen? Lernen Sie, sich in andere hineinzuversetzen und die Dinge aus ihrer Sicht zu sehen, indem Sie die Handlungen fiktiver Charaktere nachahmen. Der Vorteil des Lesens über fiktive Charaktere liegt in dem Einblick, den sie in die menschliche Natur geben.

Anziehen der Ausrüstung

Sich anziehen. Tragen Sie etwas, das Ihnen die größte Bewegungsfreiheit lässt oder das Sie am bequemsten finden. Auf diese Weise können Sie sich heimlich bewegen und mit Leichtigkeit in prekäre Situationen geraten.

Sammle deine Vorräte. Sie benötigen einen Notizblock und einen Stift, einen Pinsel – vielleicht zum Auffinden von Fingerabdrücken – eine Lupe usw. Sonnenbrillen und Kopfbedeckungen wie Hoodies und Baseballkappen können Ihnen helfen, sich in die Menge einzufügen und weniger als Zielscheibe zu wirken. Sie sollten eine Taschenlampe und eine Digitalkamera mitbringen, damit Sie später zum Lernen Bilder machen können.

Fuß fassen. Stellen Sie sicher, dass es sich um einen sicheren Ort handelt, um alle Ihre Beweise und Hinweise zu speichern. Sie müssen sie schützen, da das Fehlen von

Beweisen darauf hindeutet, dass Sie Dinge erfinden.

23. Vollständige Neuordnung bestehender Beziehungen

Es gab eine tolle Atmosphäre für herzerwärmende Gespräche und jede Menge "Aha!" Momente, seit die Singles und Paare aus ganz Europa und der FSU, die gegangen sind, so empfänglich waren, eine neue Lebens- und Liebesart zu lernen.

Wie zeige ich Respekt, damit er so ankommt, wie ich es mir vorstelle?

Wem soll ich nachgeben, wenn mein Partner irgendwohin will und ich nicht?

▪ Im Portemonnaie meiner Freundin ist nichts, was wir brauchen, aber sie will trotzdem zurück und es holen, weil wir uns mit dem Zug verspäten. Wie sollen wir mit dieser Situation umgehen?

Wie kann ich dafür sorgen, dass sich mein Ehepartner geliebt fühlt, so dass er dazu inspiriert wird, mir mehr Zuneigung zu zeigen?

Die Teilnahme an dem Seminar über ein Wochenende war ein mutiger Schritt, da so etwas tatsächlich nur wenige Menschen tun. In dem Bemühen, ihr Leben, sich selbst und ihre Beziehungsfähigkeiten zu verbessern, erlaubten sie sich, verletzlich und offen für Beziehungstraining zu sein; zu einer neuen Art, über Paarschaft nachzudenken .

Erwachsene können einen Filter verwenden

Das ist nicht etwas, was die meisten Leute tun. Die überwiegende Mehrheit der Menschen ist apathisch und schwimmt einfach mit dem Strom. Und hier ist das Verrückteste: Sie sehen das als positive Entwicklung. Sie haben das Gefühl, dass ihr Partner sie mehr schätzen sollte, weil sie sie selbst sind und das tun, was ihnen natürlich und instinktiv kommt.

Andererseits möchte ich die Idee vorschlagen, dass das bewusste Du das wahre Du bist. Wer du wirklich bist, ist derjenige, der nicht versucht, deine Mängel und automatischen Reaktionen zu verbergen. Wenn Sie Ihr wahres, authentisches Selbst sind, komplett mit ausgefeilten Qualitäten und Einsichten, wie Ihr (möglicher) Partner denkt, fühlt und reagiert, hinterlassen Sie einen großartigen ersten Eindruck.

Es ist wichtig, unvoreingenommen in Interaktionen zu gehen, wenn Sie eine gute Ehedynamik lernen und üben möchten. Das Erlangen und Aufrechterhalten von gegenseitigem Respekt und Zuneigung ist oft ein Prozess, der Anleitung und Mentoring durch andere erfordert.

Wenn Sie in einer Beziehung einen Punkt erreicht haben, an dem Sie wissen, dass sich die Dinge ändern müssen, wenn Sie endlich genug haben, liegt es an Ihnen, Ihr Spiel zu verbessern.

Es gibt vier Dinge, die Sie tun können, um eine signifikante Veränderung in Ihrer Beziehung zu bewirken ...

Verändern Sie Ihre Beziehungen mit diesen vier einfachen Schritten zum Besseren.

RÜCKGELD

Der erste Schritt ist, dass Sie sich entscheiden, Ihr Verhalten zu ändern . Sie sollten es aus Ihrem Kopf verbannen; es wurde genug diskutiert. Im Gegensatz zu anderen Menschen ziehst du es wirklich durch.

WIDERSTAND

Wir denken normalerweise: „Da ich endlich einen richtigen Schritt gemacht habe, wird mein Ehepartner mich feiern. Und sie werden ihre Größe beweisen, indem sie meine Vorschläge umsetzen.

In Wirklichkeit sind sie jedoch nicht an Ihrem Kleingeld interessiert. Die Mehrheit von ihnen glaubt nicht, dass es echt ist. Sie sehen dies als einen weiteren Neujahrsvorsatz, den Sie vor Februar brechen werden.

Daher zeigen sie unnachgiebigen Widerstand gegen Ihre Initiative, ihr Verhalten zu ändern . Einige Leute werden sogar versuchen, dir ein schlechtes Gewissen zu machen, weil du mit deiner neuen Routine und deinem neuen Engagement versagt hast.

AUSDAUER

Jetzt kommt der anspruchsvollste Teil. Wenn Ihr Lebensgefährte (und andere) Ihren neuen Lebensstil nicht akzeptieren, ist es an der Zeit, tief zu graben und sich wirklich für die Veränderung einzusetzen. An dieser Stelle geht es nicht darum, Änderungen an Ihrer Verbindung vorzunehmen. Sie selbst müssen sich einer Veränderung unterziehen. Es geht darum, loszulassen, wer du warst, damit du zu dem heranwachsen kannst, der du sein solltest.

ENTSCHEIDUNG

Es ist unvermeidlich, dass sich Beziehungen ändern, wenn sich die Menschen an das tägliche Leben mit dem neuen Ich anpassen. Wegen der Veränderung dessen, wer ihr seid, muss sich auch unsere

Verbindung verändern. Das legt die Last der Entscheidungsfindung an diesem Punkt auf Ihren Partner. Ihr Lebensgefährte muss sich fragen: „Passe ich an, wie ich mich dieser Person gegenüber verhalte?“ Es ist immer noch eine Wahl, auch wenn Ihr Ehepartner keine Änderungen vornimmt, weil er es hätte tun können.

Meiner Erfahrung nach ändert sich das Verhalten eines Lebensgefährten Ihnen und anderen gegenüber dramatisch zum Besseren. Es wird bedeutende Veränderungen in vielen Bereichen Ihres Lebens geben, einschließlich Ihrer persönlichen Beziehungen und Ihrer finanziellen Situation. Seien Sie jedoch geduldig. Es dauert mehr als ein paar Tage, wahrscheinlich eher ein paar Wochen, bis dies geschieht. Es ist jedoch unvermeidlich, wenn Sie echte Änderungen vorgenommen haben und sich ihnen verpflichtet fühlen.

24. Gehen Sie aus Ihrem eigenen Weg und lassen Sie die Vergangenheit hinter sich

Es gab viele Nächte, in denen ich nicht schlafen konnte. Es gab Zeiten, in denen ich mich von meinen vergangenen Ereignissen den Schlaf rauben ließ. Schließlich waren wir alle schon einmal dort. Sie haben Gesellschaft.

Ich meine, wenn wir scheinbar die Vergangenheit nicht loslassen können, egal wie sehr wir es versuchen. Alles kann schiefgehen, von unbedeutenden (einen schlechten ersten Eindruck hinterlassen oder etwas sagen, das man später bereut) bis hin zu katastrophal (Firma schließen müssen). Sich nur auf die schlechten Blöcke zu konzentrieren, führt zu einer besseren Zukunft.

Deshalb helfen Ihnen diese acht Methoden, die Vergangenheit endgültig in die Vergangenheit zu versetzen.

Nimm Lehren aus der Vergangenheit, aber lebe nicht darin.

Ja. Trotz ihres Unbehagens können vergangene Misserfolge als Sprungbrett für größere Erfolge in der Zukunft dienen. Verbringen Sie einige Zeit damit, darüber nachzudenken, was Sie gelernt haben und wie es Ihnen in Zukunft helfen kann.

Indem Sie sich nur ein paar grundlegende Fragen stellen, können Sie wertvolle Erkenntnisse aus Ihren bisherigen Erfahrungen gewinnen.

Was ist überhaupt passiert? Als Antwort genügt nur die kalte, harte Wahrheit.
Was fühle ich genau? In meinem Fall hilft es, Dinge zu Papier zu bringen.
Die Frage lautet: „Wie kann ich damit mein eigenes Selbstbewusstsein und mein emotionales Wohlbefinden stärken?"
Nachdem Sie diese Fragen beantwortet haben, ist es an der Zeit, weiterzumachen. Eine kurze Zeit der Selbstbeobachtung ist gesund, aber in der Vergangenheit stecken zu bleiben, ist ein todsicherer Weg, um all die schlechten Dinge, die Sie erleben, zu Hause zu behalten.

Sag einfach, was dir auf dem Herzen liegt.

Scheue dich nicht, all deine Gefühle herauszulassen und auszudrücken, wie sehr dich das verletzt. Deine Gefühle auszudrücken kann dir helfen, zu entscheiden, was, wenn überhaupt, getan werden muss, um weiterzumachen, sei es, dass du mit der Person sprichst, die dich verletzt hat (oder die du verletzt hast), oder mit einem Freund, oder es aufschreibst.

Als zusätzlicher Bonus kommt es Ihrer Gesundheit zugute. In seinem Buch „The Anxiety and Phobia Workbook" betont der Psychiater und Autor Dr. Edmund Bourne die Gefahren des Anstauens von Emotionen.

Legen Sie den Finger ab.

Verglichen mit der Anerkennung der Realität ist die Übernahme der Opferrolle einfach und fühlt sich vielleicht sogar gut an. Das Problem ist, dass die Schuldzuweisung an andere den Fortschritt behindert. Mit dem Finger zu zeigen ist normalerweise nur eine Form der Beschwerde.

Lernen Sie aus Erfahrung, dass wir uns schwach und unbedeutend fühlen, wenn wir uns selbst die Schuld geben. „Wenn wir Schuldzuweisungen machen, verschlechtert sich unsere Stimmung drastisch. Wenn wir das Gefühl haben, unsere Umstände nicht beeinflussen zu können, neigen wir dazu, unseren Groll auf eine äußere Quelle zu richten."

Pass jetzt einfach auf.

Das Hier und Jetzt zu akzeptieren und zu genießen, ist eine bewährte Methode, um die Vergangenheit loszulassen. Höre auf, in der Vergangenheit zu verweilen und dich von Negativität dominieren zu lassen, und konzentriere dich stattdessen darauf, beschäftigt zu bleiben und das Hier und Jetzt zu schätzen. Meistere einen neuen Beruf. Meditieren. Übung Treffen Sie sich mit einem Kumpel zum Abendessen. Erwerben Sie einige neue Freunde. Seien Sie bei allem, was Sie tun, präsent, auch wenn Sie nur an Ihrem Schreibtisch sitzen und den vorbeiziehenden Wolken zusehen. Um die Dinge zu "bewältigen", konzentriere ich mich darauf, mein Unternehmen auszubauen und den anhaltenden Erfolg von eCash sicherzustellen. Es inspiriert mich und bietet einen Fokus für meine Bemühungen.

Achtsamkeit oder einfach nur im Hier und Jetzt präsent zu sein, „beinhaltet, mit seinen Gedanken zu sein, wie sie sind, sie weder zu ergreifen noch wegzuschieben." „Achtsame

Menschen sind glücklicher, enthusiastischer, empathischer und sicherer“, schreibt Psychology Today.

Achtsamkeit kann erreicht werden, indem man das Bewusstsein für die eigenen inneren Erfahrungen erhöht, die eigene Tendenz zur Selbstbewusstheit verringert, aktiv nach neuen Erfahrungen sucht und die eigenen negativen Emotionen und äußeren Umstände als unvermeidlich akzeptiert.

Zeitüberschreitung von der Verbindung.

Lassen Sie die Seele baumeln und tanken Sie neue Energie. Es ist nicht erforderlich, dass Sie Europa nur mit einem Rucksack bereisen. Nehmen Sie einfach etwas Abstand von den Menschen, Orten und Dingen, die schlechte Erinnerungen wecken. Selbst wenn es so einfach ist, ohne Telefon oder Computer auf einem örtlichen Campingplatz zu campen, gibt Ihnen das Finden von Methoden, um für eine Weile abzuschalten, die Chance, etwas Neues und Lohnendes zu erleben.

Wenn Sie nach Hause kommen, werden Sie anders auf die Dinge zurückblicken.

Betrachten Sie diejenigen, die Ihnen nahe stehen.

Schauen Sie sich um und machen Sie sich eine mentale Liste, wer da ist. Das ist der Wermutstropfen, der nie aufzuhören scheint, sich zu beschweren? An welche Leute möchtest du nicht erinnert werden, wenn du an die Vergangenheit zurückdenkst? Möglicherweise müssen Sie neue Freunde finden, die Sie unterstützen und ermutigen.

Neue Leute kennenzulernen ist einfach; Geh einfach zu einer Konferenz oder einem Nachbarschaftstreffen . Vermeiden Sie es, schüchtern zu sein. Geh hinaus in die Welt und lerne neue Leute kennen; sie könnten nur der Schlüssel zu Ihrem Erfolg sein.

Wenn du heilen willst, musst du lernen zu vergeben.

So kontraintuitiv es auch scheinen mag, jemandem zu vergeben, der dir Unrecht getan hat, kann der beste Weg sein, um von dem Schmerz wegzukommen. Die Fähigkeit, anderen zu vergeben, ist eine Voraussetzung für die persönliche Entwicklung. Die 15 Schritte zur Vergebung umfassen das Akzeptieren dessen, was passiert ist, während man weitermacht, eine neue Übereinkunft mit sich selbst zu finden, nicht wütend ins Bett zu gehen und freundliche und großzügige Taten.

Tu dir selbst einen Gefallen und gönne dir Vergebung, wenn du schon dabei bist. Jeder hat seine Schwächen und macht gelegentlich Fehler. Seien Sie nicht zu hart zu sich selbst und denken Sie stattdessen darüber nach, was Sie aus Ihren Fehlern gelernt haben. Wenn Sie Ihre Bitterkeit und Ihren Groll loslassen, werden Sie frei sein, weiterzumachen.

Schaffen Sie einige brandneue, geschätzte Momente.

Jetzt ist es an der Zeit, neue, glückliche Erinnerungen zu schaffen, um diejenigen zu überschreiben, die Sie lieber vergessen würden. Investieren Sie Ihre Zeit und Energie in die Menschen, Aktivitäten und Umgebungen, die Sie glücklich machen. Wer die Vergangenheit vergisst, verpasst die Vorteile, neue Erinnerungen zu schaffen.

Die Wissenschaft hat herausgefunden, dass es schwierig sein kann, neue zu bilden, wenn Sie viele gespeicherte Erinnerungen haben.

Mit anderen Worten, es ist Zeit, Platz für Neues zu machen. Heben wir ein Glas auf den gegenwärtigen Moment.

25. Setzen Sie Ihre volle geistige Leistungsfähigkeit ein.

Krieg senkt die Selbstmordrate, weil sich viele Menschen mehrmals täglich wertvoll und herausgefordert fühlen. Auf diese Weise werden sie dazu gebracht , beide Gehirnhälften gleichzeitig zu verwenden. Wenn sich die Dinge verlangsamen, kann es leicht sein, mit nur der Hälfte Ihres Gehirns zu denken. Dies kann zu Gefühlen der Hilflosigkeit führen.

Unbewusst warten die meisten Menschen auf ein großes Lebensereignis – Konkurs, ein Überfall auf der Straße, ein Hausbrand, eine ungewollte Scheidung, ein Krieg – um sie zu zwingen, ihre vollen kognitiven Fähigkeiten einzusetzen.

Eine solche inaktive geistige Aktivität führt jedoch zu einer nicht-kreativen Existenz. Der Satz „Die meisten Menschen gehen mit ihrer Musik immer noch ins Grab" von Oliver Wendell Holmes könnte genauso gut so interpretiert werden, dass die meisten

Menschen nur ihre linke Gehirnhälfte benutzen. Als Thoreau sagte, dass „die meisten Menschen ein Leben in stiller Verzweiflung führen“, diskutierte er die Folgen der Weigerung, aus den Grenzen des konventionellen, linearen, kurzfristigen Denkens auszubrechen.

Das Paradoxe ist, dass Menschen, die in der linken Gehirnhälfte feststecken, ihr einen schlechten Ruf geben. Die linke Gehirnhälfte gewinnt an Stärke und Zweck, wenn ihr Zweck darin erkannt wird, die Kommunikation zwischen den beiden Hemisphären zu erleichtern. Menschen verlieren ihre Lebensfreude, wenn sie es nicht schaffen, aus dem Trott des linearen, zweidimensionalen, logischen Denkens auszubrechen und es stattdessen vernachlässigen, ihre rechte Gehirnhälfte zu aktivieren. Nachtträume sind eine Zeit, in der die rechte Gehirnhälfte aktiv wird, während die linke Gehirnhälfte ruht. Die gleiche wechselseitige Interaktion, die wir als Kinder hatten, ist jedoch auch im Wachzustand verfügbar, wie Künstler, Dichter und Heilige bezeugen. Mit anderen Worten, wir müssen es nur einschalten, indem wir die rechte Seite des Gehirns durch die linke aktivieren. Liebe machen, Spiele spielen, Gedichte schreiben, ein Baby halten oder sich einer gefährlichen Krise stellen – all dies löst die Aktivierung der rechten Gehirnhälfte aus. Dies ist der Zeitpunkt, an dem „Spitzenerfahrungen“, wie sie vom Psychologen Abraham Maslow geprägt wurden, auftreten und das „Ganzhirn“-Denken erleichtern.

Ganzhirndenken wird am effektivsten ausgelöst durch

1. das gewünschte Ergebnis visualisieren 2
2. sich einer Arbeit widmen, die ihnen Freude bereitet,
3. sich auf ein anregendes Spiel einlassen .
4. Anstatt auf externe Krisen zu warten, entwerfen Sie Ihre eigenen internen Herausforderungsspiele in Form von Zielen und Zwecken, die Ihre Entwicklung zu der selbstmotivierten Person leiten, die Sie werden möchten.

Was die Erforschung der Wirksamkeit der rechten Gehirnhälfte so faszinierend macht, ist der Hinweis, den sie auf eine biologische Grundlage für introspektive Veränderungen liefert. Zu sagen, dass wir grenzenlose kreative Energie haben und sie nutzen können, um das Leben zu gestalten, das wir leben möchten, ist nicht nur inspirierender Jargon oder weltliche Predigt.

In Wahrheit ist es uns möglich, uns mit deutlich mehr Kraft an ein Leben anzupassen. Ja, genau so funktioniert die linke Gehirnhälfte am besten. Aufgrund seiner visionären Fähigkeiten ist es in der Lage, gewaltige Kräfte anzurufen. Trotzdem nutzt es diese Fähigkeit selten. Wie ein Mann mit einer magischen Maschine, die Goldmünzen produzieren kann, um die Staatsschulden zu begleichen und die Armut zu beenden, wenn er dies wünscht. Aber er ist so dumm und faul, dass er sich nie die Mühe macht, jeden Tag mehr als ein paar Pennys zu verdienen – gerade genug, um ihn bis zum Abend durchzubringen … Maschine. Wenn dies der Fall ist, besteht kein Grund zur Sorge. In seinem magischen Zustand kann es nicht erschöpft werden. "Die meisten Menschen sind von ihrer eigenen rechten Gehirnhälfte fasziniert. Sie glauben, dass kreative Ideen einfach in ihren Köpfen "gesprungen" sind. Sie bemerken Dinge wie: "Letzte Nacht hatte ich den seltsamsten Traum!", weil sie keine Ahnung haben, wie sehr sie schwanken tatsächlich über dieses verzauberte Gerät verfügen.

26. Methoden der aktiven Entspannung zur Erfrischung und Erholung

Der Begriff „aktive Entspannung“ bezieht sich auf eine breite Kategorie von Wellness-Aktivitäten, die häufig in Verbindung mit konventioneller medizinischer Versorgung zur Verbesserung der Patientenergebnisse eingesetzt werden. Aktive Entspannung ist eine Form der Mind-Body-Therapie, die durch körperliche Aktivität und den geführten Einsatz der eigenen Gedanken und Gefühle zur Beruhigung und zum Abbau von Verspannungen beiträgt. Aktive Entspannung unterscheidet sich von passiver Entspannung, die durch Dinge wie Fernsehen, Internetnutzung oder gedankenloses Surfen auf Ihrem Telefon erreicht werden kann.

Aktive Entspannung hat zahlreiche positive Wirkungen.

Um Erregung, Stimulation von Körpersystemen und Stress zu reduzieren, zielen aktive Entspannungstechniken darauf ab, das sympathische Nervensystem zu verlangsamen. Das Herbeiführen eines Zustands der Ruhe durch aktive

Entspannungspraktiken kann auf verschiedene Weise helfen,
Stress und Angst können gemildert, Schmerzen gelindert, die Stimmung gehoben, der Blutdruck gesenkt, die Herzfrequenz reguliert und Muskelverspannungen reduziert werden.

Stressabbau durch körperliche Aktivität

Es gibt eine Vielzahl von aktiven Entspannungstechniken, die verwendet werden können, um Anspannung abzubauen und Körper und Geist zu entspannen. Keine einzelne Methode hat sich in der aktuellen Studienlage als überlegen gegenüber anderen erwiesen.

Muskelverspannungen schrittweise reduzieren

Um progressive Muskelentspannung (PMR) zu praktizieren , spannt man seine Muskeln stufenweise an und entspannt sie dann. Diese Methode zielt auf den Stress- und Spannungsabbau durch das Lösen muskulärer Verspannungen im gesamten Körper ab, von den Zehen bis zum Kopf.

Tiefe Zwerchfellatmung

Die Zwerchfellatmung ist eine Art Tiefenatmung, bei der das Zwerchfell bewusst aktiviert wird, um das Einatmen größerer Luftmengen zu erleichtern. Indem Sie dem Bauch erlauben, sich mit jedem Atemzug nach außen auszudehnen, erhöhen Sie die Menge an Sauerstoff, die in den Körper gelangt.

Tiefatmungsübungen hemmen die Aktivität des sympathischen Nervensystems und blockieren die Weiterleitung von Schmerzsignalen an das Gehirn und können ein nützliches Instrument zur Schmerzbewältigung sein. Eine verbesserte Lungenfunktion ist nicht der einzige Vorteil der Zwerchfellatmung; Es hilft auch, die Produktion von Stresshormonen zu reduzieren und den Blutdruck zu senken.

Autogene Entspannung

Autogene Entspannung oder autogenes Training ist eine Technik, die sich auf die Entspannung verschiedener Körperregionen konzentriert. Anders als bei der progressiven Muskelentspannung werden die Muskeln nicht belastet, bevor der Muskelentspannung Aufmerksamkeit geschenkt wird.

Autogene Entspannung erfordert das Sitzen oder Liegen an einem ruhigen Ort, um sich auf sechs verschiedene Körperteile zu konzentrieren, um ein Gleichgewicht zwischen dem sympathischen (stimulierenden) und parasympathischen (ruhenden) Nervensystem herzustellen. Zu diesen Orten gehören: \s• Schwere in Ihren Muskeln \s• Wärme in Ihren Armen, Beinen und anderen Körperteilen \s• Langsamerer und entspannterer Herzschlag \s• Langsamerer und friedlicherer Atem \s• Entspannung des Bauches \s • Kühle der Stirn Autogen bedeutet „selbst erzeugt“ oder „von innen kommend“.

Achtsamkeitsmeditation

Achtsamkeitsmeditation ist eine Praxis , bei der die Aufmerksamkeit mit Offenheit und Akzeptanz auf den gegenwärtigen Moment gerichtet wird. Dies bedeutet, dass Sie sich auf Ihren Seh-, Geruchs-, Hör-, Tast- und Geschmackssinn einstellen. Achtsamkeitsmeditation hilft, das Bewusstsein für Ihre äußere Umgebung und Ihre inneren Gefühle zu stärken, um die Entspannung zu fördern und Anspannung und Schmerzen zu reduzieren.

Yoga und Tai-Chi

Yoga ist eine Geist-Körper- Praxis , die sich auf abwechslungsreiche Bewegungen und Haltungen konzentriert, gepaart mit tiefer Atmung, Meditation und Entspannung. Tai Chi kombiniert tiefe Atmung und

Entspannung mit langsamen und geregelten Bewegungen. Beide Arten von Aktivitäten können helfen, Entspannung herbeizuführen und Anspannung abzubauen.

Massage

Das Massieren fester und angespannter Muskeln kann körperlichen Druck ausüben, um Muskelverspannungen zu lindern, was zur Linderung von Stress und chronischen Schmerzen beitragen kann.

Aktive Entspannungstipps

Es ist vorzuziehen, einen ruhigen, stillen Ort frei von Lärm und Ablenkungen einzurichten, um Ihnen zu helfen, sich zu konzentrieren, während Sie aktive Entspannungstechniken durchführen. Erwägen Sie, sich morgens Zeit zu nehmen, um einen entspannten Zustand herzustellen und Ihren Tag positiv zu beginnen, oder am Ende Ihres Tages, um sich auszuruhen und sich von den täglichen Anspannungen zu erholen.

Zu viel Stress kann für den Körper sehr schädlich sein, das Entzündungsniveau erhöhen und Ihr Risiko für mehrere schwere Erkrankungen, einschließlich Herzerkrankungen und Schlaganfall, erhöhen. Stellen Sie sicher, dass Sie sich Zeit nehmen, um aktive Entspannungstechniken zu praktizieren oder gesunde Möglichkeiten zu finden, wie Sport oder Geselligkeit mit Freunden, um Ihren Stresspegel zu kontrollieren.

Zusammenfassung

Aktive Entspannungstechniken sind Geist-Körper-Aktivitäten, die sich darauf konzentrieren, Ihre Gedanken zu lenken, um ein Gefühl der Entspannung hervorzurufen und Ihr allgemeines Wohlbefinden zu verbessern. Aktive Entspannungstechniken wie progressive Muskelentspannung, Zwerchfellatmung, autogene Entspannung, Achtsamkeitsmeditation, Yoga, Tai Chi und Massage können helfen, Stress, Angst, Unwohlsein, Muskelverspannungen und Blutdruck zu reduzieren.

27. WILLKOMMEN ZU IHREN PROBLEMEN

7 WEGE, SIE ZU LIEBEN!

Sie haben im Moment mit einer Fülle von Problemen zu kämpfen. Woher soll ich das wissen? Ganz einfach, weil Sie sich entschieden haben, diesen Inhalt zu lesen. Es ist eine Tatsache des Lebens, dass jedes einzelne Individuum auf dem Planeten mit etwas zu kämpfen hat.

Auf Friedhöfen gibt es nur problemlose Menschen.

Einige Leute bezeichnen sie jedoch lieber als „Herausforderungen“, „Chancen“ oder „Probleme“ statt als „Probleme“. Aber in meiner Branche komme ich mit vielen Menschen in Kontakt, und praktisch jeder wünscht sich, er hätte weniger „Probleme“.

Als Mensch „ist deine Belohnung für das Lösen von Problemen nicht Frieden, Zufriedenheit oder Erfüllung; es sind größere Schwierigkeiten!“

Wenn Sie auf Ihr bisheriges Leben zurückblicken, werden Sie feststellen, dass die Herausforderungen, denen Sie gegenüberstanden, größer geworden sind, je besser Sie in den Dingen geworden sind. Als Sie 15 Jahre alt waren, war eine Ihrer größten Herausforderungen wahrscheinlich der Umgang mit Mobbern und Lehrern. Aufgrund Ihres erhöhten Selbstvertrauens und Ihrer Kompetenz, die Sie durch die erfolgreiche Lösung herausfordernder Schwierigkeiten gewonnen haben, sollten Sie diese Situationen ziemlich unkompliziert finden.

Hier sind 7 einfache und praktische Strategien, um Widrigkeiten zu bewältigen

.

Entscheiden Sie einfach, dass Sie Ihre Schwierigkeiten lieben. Dies ist eine absichtliche Entscheidung, die gegen die herkömmliche Weisheit verstößt. Es erfordert eine aktive Entscheidung Ihrerseits. Es ist nicht natürlich. Aber erkenne , dass du diese Schwierigkeiten auf dich selbst gebracht hast.

Erkennen Sie, dass Sie sich nur weiterentwickeln und vorankommen können, indem Sie an der Lösung von Problemen arbeiten. Wie können Sie besser werden, wenn Sie jeden Tag die gleichen Dinge tun, die Ihrerseits keine Gedankenkraft erfordern? Den Wert Ihrer Herausforderungen zu schätzen, ist der erste Schritt, sie zu lieben.

3. erkennen , dass das Fehlen von Schwierigkeiten KEINE notwendige Bedingung für Glück ist.

Die meisten Leute gehen davon aus: Ich würde mich freuen, wenn meine Kinder aus dem Haus ausziehen, ODER mein Gehalt steigt, ODER die Altersvorsorge durchkommt.“

Es ist offensichtlich, dass manche Menschen ein gutes Leben haben. Natürlich haben sie Probleme; es ist offensichtlich. Es sollte Ihnen jetzt klar sein, dass es möglich ist, sowohl Probleme als auch Glück im Leben zu haben. Es ist wahr für mich; Ich bin zufrieden, auch wenn ich vor einem Berg von Herausforderungen stehe.

4. Konsequenterweise Point Pick Freude.

Entscheiden Sie, dass „mein Glück nicht von äußeren Bedingungen abhängt“ und leben Sie Ihr Leben danach. Um es ganz klar zu sagen, das Leben ist nicht lebenswert, wenn Sie es nur genießen können, wenn alle, die Ihnen wichtig sind, zufrieden sind und wenn Sie keine Probleme haben. Mein Vater war genau richtig, als er sagte, dass diese eine einfache Idee der Schlüssel zu einem erfüllten Leben ist; Er hat es mir und meinen Geschwistern beigebracht, und ich kann seine Wirksamkeit persönlich bestätigen.

5. Erkennen Sie die Bedeutung der persönlichen Verantwortlichkeit.

Alles, was Ihnen im Moment Stress und Angst bereitet, ist ein direktes Ergebnis Ihrer Entscheidungen, die Sie vor dem Lesen dieses Artikels getroffen haben. Wenn es etwas in deinem Leben gibt, das dir nicht gefällt, kann es wirklich befreiend sein, die

Verantwortung dafür zu übernehmen. Indem Sie dies tun, fordern Sie Ihr Leben als Ihr eigenes zurück. Sie können Ihre Schwierigkeiten besser als einen natürlichen und notwendigen Teil dessen akzeptieren, wer Sie sind und wo Sie im Leben stehen, wenn Sie die Verantwortung für sie übernehmen.

6 - Auflockern

. Was, du kannst kein bisschen Spaß im Leben haben, oder? Sie können nicht Ihr Ernst sein, wenn Sie ein problemloses Dasein erwarten. Und wenn Sie keinen Erfolg haben, na und? Wenn Sie sich nicht darüber ärgern, dass Sie gelegentlich herausfordernde Aufgaben übernehmen müssen, ist das Leben am Leben eine unglaubliche Gelegenheit.

Du erreichst einen Punkt der Akzeptanz, dass „was auch immer sein wird, wird sein" und du bist in der Lage, die Möglichkeit in Betracht zu ziehen, dass deine Lebensreise eine spirituelle Dimension hat und dass deine Seele eine Agenda für dein physisches Leben hat. Wenn die Dinge im Leben nicht so laufen, wie Sie es sich erhofft haben, geben Sie trotzdem Ihr Bestes und vertrauen Sie darauf, dass Ihre Seele oder Ihr Geist weiß, was das Beste für Sie ist.

7. Es ist eine wunderbare Art zu leben, wenn Sie Ihre Probleme lieben können.

Seiner wahren Berufung nachzugehen ist vergleichbar mit einer spirituellen Suche. Es ist nicht dasselbe wie die Kultur im Allgemeinen. Indem Sie diese spirituelle Komponente willkommen heißen, werden Sie jeden Tag bereit sein, sich den Herausforderungen zu stellen, die Ihr Leben formen.

28. für sich selbst zu werben, die tatsächlich funktionieren

Ihr beruflicher Erfolg liegt in Ihrer eigenen Verantwortung. Sie müssen für sich selbst werben, unabhängig davon, ob Sie Einzelunternehmer, Manager eines Unternehmens oder Angestellter sind. Darüber hinaus ist keine anfängliche Kapitalinvestition erforderlich. Machen Sie Ihren Namen bekannt und machen Sie sich einen Namen, damit Sie vorankommen können. Hier sind fünf kostenlose Methoden der Werbung:

Schreiben.

Das öffentliche Schreiben und Teilen Ihrer Meinung ist ein großartiger Ansatz, um Ihr

Fachwissen zu etablieren und eine Anhängerschaft zu gewinnen. Erstellen Sie einen LinkedIn- Beitrag. Versuchen Sie, etwas an eine Zeitschrift oder Zeitung zu senden.

Finden Sie einen Preis.

Journalisten und Autoren verwenden häufig Zitate von Fachexperten, um ihre Arbeit anzukurbeln. Mit anderen Worten, Sie wollen diese Person sein. Von einer anderen Person zitiert zu werden, erhöht Ihre Sichtbarkeit und Ihren Einfluss, indem Sie Ihre Arbeit einer neuen Gruppe von Menschen zur Kenntnis bringen.

GEFÖRDERT

Sie müssen Ihre Beherrschung eines Fachs unter Beweis stellen, bevor die Leute Sie als Autorität betrachten. Dazu können Sie entweder Ihre Schreibfähigkeiten oder Ihre Fachkompetenz einsetzen. Journalisten verwenden Internetrecherchen, um interessante Themen aufzudecken und Leute zu finden, die Experten für solche Themen sind, um sie zu zitieren.

Verwenden Sie E-Mail-Dritte .

Senden Sie E-Mails mit detaillierten Angaben zu Ihren Fortschritten und Leistungen. Verbreiten Sie Ihre Arbeit. Verbinden Sie einen kürzlich von Ihnen geschriebenen Artikel mit Ihrer E-Signatur. Machen Sie das Beste aus E-Mails und der Möglichkeit, Ihre Ergebnisse zu präsentieren, indem Sie sie effizient nutzen.

Nutzen Sie soziale Medien .

Sie können Ihren Einfluss auch auf Social Media zeigen, indem Sie Beispiele Ihrer Arbeit auf kostenlosen Websites wie LinkedIn, Facebook, Twitter usw. veröffentlichen. Wenn Sie mehr Menschen erreichen möchten, als Sie mit einer E-Mail erreichen könnten, teilen Sie sie in Social Media. Es hat das Potenzial, die Anzahl der Personen, die Ihre Inhalte sehen, erheblich zu erhöhen.

Zeigen Sie Ihre Schreibfähigkeiten und jede Medienberichterstattung, die Sie in Zitaten erwähnt hat. Besprechen Sie aktuelle Ereignisse, die sich auf Ihr Studienfach beziehen. Versuchen Sie, Ihren Namen bekannt zu machen und Ihre Arbeit bekannt zu machen.

Machen Sie eine öffentliche Präsentation.

Finden Sie heraus, wo Sie formelle Präsentationen über Ihre Fachgebiete halten können. Identifizieren Sie potenzielle Zielgruppen, potenzielle Vortragsthemen und potenzielle Vortragsrollen. Ihre Kommunikationsoptionen umfassen persönliche Treffen und virtuelle Chats. Sie können ein Video für YouTube erstellen oder als besonderer Gast in einem Webinar auftreten.

Sie, der Anwalt, möchten vielleicht einen Vortrag auf einer von ABA gesponserten Konferenz halten. Wenn Sie ein Produktmanager sind, ist es Ihre Aufgabe, bei Veranstaltungen zu sprechen, bei denen die Leute Ihr Produkt kaufen möchten. Finden Sie alle Vorträge, die es Ihnen ermöglichen, wer Sie sind und was Sie zu bieten haben, unabhängig davon, wo Sie arbeiten.

29. Lernen von den Besten: Verteidigung Ihrer Position in einer Debatte

Der beste Rat, den ich jemandem geben kann, der seine Argumentationsfähigkeiten verbessern möchte, ist zu üben , zu üben und noch mehr zu üben . Ich habe festgestellt, dass es keinen Ersatz für die eigentliche Debattenvorbereitung gibt, um mir zu helfen, mich auf einen großen Streit vorzubereiten und ihn zu beruhigen.

In den letzten zwei Jahren habe ich viel gelernt, aber die folgenden vier Dinge halte ich für die wichtigsten:

Bleiben Sie offen.

Das Ablegen und Aufteilen der eigenen persönlichen Vorstellungen ermöglicht es Ihnen, im Streit die Ruhe zu bewahren. Wenn Ihnen das Thema besonders am Herzen liegt oder wenn Sie mit der von Ihnen vertretenen Position überhaupt nicht einverstanden sind, ist dies von größter Bedeutung. Begeisterung für irgendetwas zu haben, hat viele Vorzüge, aber es gilt auch, ein empfindliches Gleichgewicht zwischen Aggressivität und emotionalem Interesse am Thema zu wahren.

2. An Veränderungen anpassen

Es ist zunächst nicht einfach, wenn man nicht der Seite der Auseinandersetzung zugeordnet wird, mit der man sich am stärksten identifiziert. Sie müssen sich nur etwas mehr anstrengen, um Ihre Vorurteile zu überwinden und dieses Hindernis zu überwinden. Es kann auch von Vorteil sein, eine Debatte zu beginnen, indem Sie den gegensätzlichen Standpunkt in Betracht ziehen und wie Sie auf die darin enthaltenen Argumente reagieren könnten.

Versuchen Sie, die Mehrdeutigkeiten zu finden

Die Debatten, an denen ich bisher teilgenommen habe, hatten alle signifikante Nuancen, anstatt schwarz und weiß zu sein. Das sorgt nicht nur für ein unterhaltsameres Gespräch, sondern ist auch wirklich nützlich. Es impliziert auch, dass Sie mit jedem, gegen den Sie argumentieren, Gemeinsamkeiten entdecken und Ihre Argumentation stärken können, egal auf welcher Seite Sie stehen.

Versuchen Sie einen Mittelweg

Abschließend glaube ich, dass es Zeitverschwendung ist, sich an einer Debatte zu beteiligen, wenn man sie nicht mit einigen neuartigen, praktikablen Zugeständnissen verlässt. In einer Debatte werden Sie

normalerweise gebeten, eine starke Haltung zu einer Seite eines Problems einzunehmen. Dies kommt Ihnen zugute, denn auch wenn Sie während der Debatte bei der Stange bleiben sollten, werden Sie im Laufe der Diskussion wahrscheinlich einige hervorragende Möglichkeiten finden, Ihre Position zu moderieren.
Ich glaube, dass sich diese neuen Perspektiven als nützlich erweisen können, nicht zuletzt aufgrund der Tatsache, dass keine Seite mit der Absicht in die Diskussion eingetreten ist, sich zu einigen. Während es in Ordnung ist, in einer Debatte eine starke Haltung einzunehmen, ist dies außerhalb eines formellen Rahmens oft verpönt. Wenn Sie ein Problem aus mehreren Perspektiven betrachten, können Sie einen Kompromiss finden, der für alle funktioniert.

30. Bringen Sie sich in Schwung und beginnen Sie effektiver zu arbeiten

Wie man den gleichen Enthusiasmus wie dieser Typ bekommt. Fotos von Andy Wong/AP/Bloomberg Sind Sie schon einmal montags um 9 Uhr morgens müde zur Arbeit gekommen, haben ein entspanntes

Wochenende hinter sich und fünf Tage Büroplackerei vor sich?

Machen Sie sich zunächst klar, dass Sie das wirklich wollen.

Um sich selbst zu motivieren, kann es hilfreich sein, sich davon zu überzeugen, dass die anstehende Aufgabe nicht so schwierig ist, wie Sie es sich vielleicht vorgestellt haben.

Lassen Sie schwierige Aufgaben einfach erscheinen, wie Stein es ausdrückt. Ich genieße eine gute Herausforderung." Ich bin stolz darauf, das über mich sagen zu können.

Zweitens, sei verantwortlich.

Es ist leicht, die Konzentration zu verlieren, wenn Sie so viel auf dem Teller haben, sowohl bei der Arbeit als auch zu Hause. Aber sich daran zu erinnern, dass Sie ein Mitspracherecht bei dem haben, was Sie tun, könnte helfen.

Drittens: Versetzen Sie sich in die Gesellschaft fleißiger Personen.

Jeder weiß, dass kein Mann (oder Frau) eine Insel ist. Es hilft, in Gesellschaft von Menschen zu sein, die ähnliche Opfer bringen, um dorthin zu gelangen, wo man hin möchte.

Es ist wichtig, sich mit motivierenden Kollegen zu umgeben, seien es Kollegen, die Sie ermutigen, bei der Arbeit Ihr Bestes zu geben, oder Freunde, die Ihre Ziele und Interessen außerhalb der Arbeit teilen.

Erstellen Sie eine Liste der Schritte, die Sie unternehmen müssen, um das Projekt abzuschließen.

Der Rat, "seine harte Arbeit in Einzelteile zu zerlegen", wurde gegeben, damit der Autor "leicht erkennen kann, wo die Hürden liegen, damit man darauf vorbereitet sein kann, sie zu überwinden".

Tatsächlich ist es entscheidend, diese kleinen Errungenschaften nicht nur anzuerkennen , sondern sich auch dafür zu belohnen.

5, Halten Sie Ihren Geist klar.

Wenn Sie nicht Ihre volle Aufmerksamkeit auf das richten können, was Sie tun, ist es schwierig, weiterzumachen.

Machen Sie Einzelpersonen klar, wann Sie für Ad-hoc-Anfragen erreichbar sind und wann nicht, und schulen Sie sie erneut, wenn sie glauben, dass Sie immer bereit sind, auf Anfragen zu antworten.

Sie sollten immer Ihr „Warum“ im Auge behalten.

Der beste Weg, sich für etwas zu motivieren, ist, darüber nachzudenken, warum man es tut. Es ist wichtig, mit dem in Kontakt zu bleiben, was Sie motiviert, ob Sie daran arbeiten, etwas zu kreieren, das Sie lieben, oder einfach nur Essen für Ihre Familie auf den Tisch zu bringen.

7 Betrachten Sie die Dinge immer positiv.

Jeder wird Ihnen sagen, dass Sie irgendwann scheitern werden, aber wie Sie sich von Ihren Rückschlägen erholen, wird Ihren letztendlichen Erfolg bestimmen.

Versetzen Sie den Geist in Panik

In meiner Erfahrung als Autorin habe ich festgestellt, dass die meiste Zeit in der Brainstorming-Phase verbracht wird. Ich stelle Ihnen diese Methoden heute in der Hoffnung vor, dass Sie in der Lage sein werden, Ihrem Werkzeugkasten etwas Abwechslung zu verleihen und schwierige Situationen besser zu meistern.

Machen Sie eine Liste mit Ihrem Wissen .

Wo sollen wir also überhaupt anfangen? Und das geht am besten mit einer Liste. Obwohl vielleicht nicht der, an den Sie denken. Anstatt sich auf das zu konzentrieren, was Sie nicht wissen, möchte ich, dass Sie alle Informationen aufzeichnen, die Sie tun.

Wenn wir gegen eine Wand stoßen, liegt es oft daran, dass wir so viel Zeit damit verbracht haben, über ein bestimmtes Problem nachzudenken, dass wir den Wald vor lauter Bäumen nicht mehr sehen können. Sich ständig daran zu erinnern, dass sie feststecken und dass dies die Quelle ihrer Schwierigkeiten ist, könnte ihre Situation verschlimmern. Um dem entgegenzuwirken und vielleicht etwas aufzulockern, kann es hilfreich sein, eine Liste mit allem zu erstellen, was Sie bereits über das Projekt, Kapitel, Gedicht etc. wissen. Es hilft Ihnen auch, Wissenslücken zu identifizieren. Wenn wir etwas vermissen, könnte es so aussehen, als würden wir viel vermissen, aber oft ist es einfach die Verbindung zwischen Punkt A und Punkt C. Wenn wir es notieren, zeigt sich, dass wir tatsächlich versuchen, den Buchstaben B zu finden.

Sie sollten eine Liste der Dinge erstellen, die Ihnen fehlen .

Wenn das fehlschlägt, versuchen Sie, in die entgegengesetzte Richtung zu gehen und alles aufzuschreiben, was Sie ratlos gemacht hat. Schreiben Sie auf, was Ihnen fehlt, sei es Inspiration, Einsicht, eine interessante Geschichte oder einfach nur Kekse. Unabhängig von der Anzahl oder wahrgenommenen Schwere der Probleme geben Sie diese bitte so genau wie möglich ein. Wenn das Problem nur ein vages Konzept in Ihrem Kopf ist, werden Sie bei der Lösungsfindung nicht weiterkommen. Zu diesem Zweck...

Schreibe deine größten Ängste auf – weißt du,

diejenigen, an die Sie nicht denken, selbst wenn Sie alleine sind. Jetzt ist es an der Zeit, sie dem vollen Tageslicht auszusetzen. Wenn wir auf eine mentale Blockade stoßen, liegt das oft nicht daran, dass uns das Wissen fehlt, um voranzukommen, sondern weil wir Angst davor haben, dies zu tun. Wenn es nicht hilft, Ihre Unwissenheit aufzuschreiben, würde es vielleicht Ihre Ängste aufschreiben. Dafür ist extremer Mut erforderlich, und der Einsatz steigt mit der Bedeutung des Unternehmens, aber die Belohnungen können enorm sein. Also mach weiter und bring deine Sorgen zu Papier. Dieses Unterfangen hat wirklich nicht genug Sinn, um mich darüber zu freuen. Das ist unerträglich langweilig. Die Angst, dass niemand meine Bedeutung versteht, hält mich davon ab, zu versuchen, sie zu kommunizieren. Wovor hast du solche Angst? Tatsächlich stellen sie Daten dar. Daten. Und nachdem Sie sie als das erkannt haben, was sie sind, können Sie daran arbeiten, sie zu lösen.

Nehmen Sie eine größere Anpassung vor

Fuck some s**t up ist ein weiteres dieser Dinge, die uns Angst machen (was ist eigentlich los mit uns Horrorautoren?). Im Rahmen Ihres Projektes. Die Schwierigkeit bei einem gescheiterten Gedicht, Roman oder einer Kurzgeschichte liegt möglicherweise nicht darin, dass es überhaupt keine Antwort gibt, sondern eher darin, dass die Lösung zu schwer zu akzeptieren ist. Neu konzipieren. Umschreiben. Überarbeiten. Rüssel. Ich schlage vor, Sie beginnen von vorne. Ja, das ist das Schlimmste. Aber im Ernst, Leute, manchmal ist es die Lösung. Manchmal besteht die einzige Möglichkeit, ein Problem zu lösen, darin, eine zehnbändige Erzählung über eine literarische Meerjungfrau zu einer einzigen kurzen Novelle zusammenzufassen, egal wie sehr es weh tut. Um eine praktikable Antwort zu finden, müssen wir bereit sein, erhebliche Anpassungen vorzunehmen. Selbst wenn Sie wissen, dass Sie mit einigen von ihnen nicht fertig werden, kann es hilfreich sein, zehn Möglichkeiten aufzuschreiben, wie Sie einen wichtigen Faktor ändern können, um Ihr Problem zu lösen. Ändere die Welt, den Schauplatz, den Protagonisten, das Thema usw. Gab es etwas, das beunruhigend genau schien? Verwerfen Sie es nicht einfach; Denke darüber nach.

Wortcrash.

Unsere Diskussion hat sich bisher auf übergreifende Anliegen und logische nächste Schritte konzentriert ; Was ist jedoch, wenn Sie sich in einem früheren Stadium befinden? Oder konzentrieren Sie sich auf etwas deutlich weniger Ehrgeiziges oder Nebulöseres? Word Storming ist eine erprobte und wahre Methode, also lehnen Sie es nicht ab, nur weil es klischeehaft erscheint . Das ist einfach freie Assoziation! Sie können diese Technik verwenden, um endlose Mengen an Ideen zu generieren, indem Sie mit einem einzelnen Wort beginnen und alle anderen Wörter auflisten, die Ihnen nach dem Aussprechen oder Schreiben dieses Wortes in den Sinn kommen. Bis zu einem gewissen Grad wird empfohlen, dass Sie bei Bedarf von Ihrem beabsichtigten Weg abweichen. Dies ist eine gute Aktivität, die Sie mit Wörtern, Sätzen oder sogar Ideen ausprobieren können. Man weiß nie, wohin eine Gedankenkette führt oder wie scheinbar zusammenhangslose Ideen plötzlich einen Sinn ergeben.

Werfen Sie einen Blick auf das Gesamtbild und zeichnen Sie eine Karte

Wozu fügen Sie eine lange Liste unzusammenhängender Begriffe hinzu, und was ergänzt sie so gut? Die mentale Roadmap oder Mind Map. Bei der Erstellung einer Mind Map geht es darum, durch die Verwendung visueller Hinweise neue Assoziationen in Ihrem Kopf zu erzeugen. Notieren Sie Ihre Ideen also auf einem leeren Blatt Papier, wenn Sie nicht herausfinden können, wie Sie bestimmte Teile, Charaktere, Handlungen usw. kombinieren sollen. All die Dinge, die Ihnen in den Sinn kommen, ob es sich um bestimmte Szenen, Ideen, Orte oder wiederkehrende handelt Muster, zählen. Gewöhnen Sie sich an, Verbindungen zwischen Dingen herzustellen, die miteinander verwandt sind, sei es bei der Arbeit oder in der realen Welt. Gib nie auf! Erstellen Sie Zeichnungen im A Beautiful Mind-Stil, indem Sie Linien und mehr Linien zeichnen. Mit anderen Worten, Sie können ein befriedigendes "Aha!" Momente, sobald Sie über das Oberflächliche hinausgehen und beginnen, nuanciertere Verbindungen herzustellen.

Versuchen Sie, ein Gespräch zu führen

Ja, Sie haben weitgehend selbstständig gearbeitet. Wenn Sie an dieser Stelle immer noch verwirrt sind, sollten Sie einen Menschen zu Rate ziehen. Einfach Dinge in Worte zu fassen reicht manchmal aus, um neue Erkenntnisse oder Ansätze zu entfachen. Ihr Gesprächspartner kann etwas sagen, das Sie auf eine Idee bringt, oder er kann Ihnen einen fertig entwickelten Vorschlag unterbreiten. Verlieren Sie nicht den Faden, wenn ein einzelnes Gespräch nicht alle Ihre Probleme löst; andere Personen haben unterschiedliche Stärken und können für unterschiedliche Aufgaben und Herausforderungen hinzugezogen werden. Wenden Sie sich an Menschen, die zuhören, egal ob sie Schriftsteller sind oder nicht, wie Freunde oder Familie. Holen Sie sich Input, indem Sie Ihre missliche Lage im Detail erklären.

Erstellen Sie eine Liste aller möglichen Abfragen. Ab sofort sind die Lösungen irrelevant.

Anfragen

Auch hier können Sie selbst damit umgehen. Die Antworten sind in diesem Stadium irrelevant. Setzen Sie Stift zu Papier und notieren Sie so viele Anfragen wie möglich. Extra, extra, extra! Dutzende. Schreiben Sie eine ganze Seite, oder noch besser, schreiben Sie zwei Seiten. Wenn Sie Ihr Projekt weiter untersuchen, werden Sie die Fragen finden, von denen Sie nicht wussten, dass Sie sie hatten, und diese werden Sie zu neuen Erkenntnissen führen.

Fragen beantworten

Wenn Sie nicht weit kommen, indem Sie selbst Fragen stellen, versuchen Sie zu betteln, zu tauschen oder jemanden zu bestechen, damit er es für Sie tut. Achtung: Sie sollten dieses Mal wirklich versuchen, sie zu beantworten. Beim Schreiben "warum?" ist die effektivste Frage, die Sie stellen können. Das macht mein Protagonist. Wieso den? Das ist mein zentrales Argument. Wieso den? Ich habe dieses Problem. Wieso den? Lassen Sie Ihren Fragepartner Sie mit Fragen so lange durchbohren, bis Sie explodieren. Was hat dazu geführt, dass Sie die Fassung verloren haben? Vielleicht das versteckte Problem. Schau dir das gut an.

Machen Sie immer eine Liste

Es wird zwar einige Mühe erfordern, dieses zum Laufen zu bringen, aber sobald Sie dies getan haben, werden Sie nicht mehr aufhören können, es zu verwenden. Notieren Sie sich jeden verirrten Gedanken, jedes Zitat oder Fragment einer Erzählung, eines Gedichts, eines Romans oder eines Artikels, den Sie haben. Es ist eine fantastische Methode, um neue Verbindungen zu knüpfen und gleichzeitig zu demonstrieren, dass Sie mehr potenzielle Beiträge zu leisten haben, als Sie sich selbst zutrauen. Wenn Sie einige interessante neue Kombinationen finden möchten, versuchen Sie, scheinbar zusammenhangslose Elemente aus Ihrer Liste zusammenzustellen. Wenn zwei unterschiedliche Ideen zusammenlaufen, entsteht eine einzigartige Magie.

Einen Spaziergang machen

Das ist mein Favorit , also hätte ich es definitiv an die erste Stelle setzen sollen. An diese wende ich mich immer. Das ist mein bewährter Plan. Machen Sie einen Spaziergang. Legen Sie die Kopfhörer weg, legen Sie das Telefon weg, legen Sie den Hund weg und konzentrieren Sie sich. Du, ein Problem und ein Killerpaar Schuhe. Konzentrieren Sie Ihre Gedanken und gehen

Sie in einem Tempo, bei dem Sie stark atmen, aber nicht keuchen. Der optimale mentale Zustand ist da.

Bleib nicht drin ; Machen Sie eine Fahrt

Es ist wie ein Spaziergang, aber es gibt ein paar wichtige Unterschiede, die hervorgehoben werden müssen. Wie lange ist es her, dass Sie eine Autofahrt gemacht haben, ohne dass das Radio lief? Ohne einen anderen Menschen zu engagieren? Es gibt nur dich, die Straße und den Klang der Stille. Der ruhige Innenraum eines Automobils bietet den idealen Rahmen für tiefe Gedanken. Während der Fahrt sind Sie ausreichend beschäftigt, um Ihren primären Zensor vorübergehend zu deaktivieren, aber nicht so beschäftigt, dass Sie sich nicht auf die Straße konzentrieren können. Davon abgesehen, setzen Sie sich auf den Fahrersitz und machen Sie sich an die Arbeit. Was ist überhaupt so toll an dieser Wahl? Es ist einfach, mit dem Auto zur Buchhandlung zu fahren ...

Lesen Sie dreizehntens ein Buch über das Handwerk, damit Sie den Kauf weiterer Handwerksbücher rechtfertigen können. Um ehrlich zu sein, bin ich mir nicht sicher, ob es eine einzige „richtige“ Art zu schreiben gibt (ich weiß, was für mich funktioniert), aber ich glaube fest daran, etwas Neues zu lernen, und Sachbücher über das Schreiben tun dies in höchstem Maße. Lehrer verleihen den kanonischen Werken ihre eigene Note, und solche Variationen können Ihnen neue Richtungen weisen, wenn Sie versuchen, ein ärgerliches Problem zu lösen. Interaktive Übungen finden sich in Sammlungen wie Donald Maass ' Writing the Breakout Novel und Lisa Cron's Story Genius.

Ein Buch sollte gelesen werden.

Als Teil Ihres schriftstellerischen Daseins sollten Sie idealerweise ständig Bücher lesen. Alles von Romanen über Sammlungen von Kurzgeschichten bis hin zu Memoiren und Gedichten. Die meisten Autoren gehen in diesen Beruf, weil sie gerne lesen, daher ist es wichtig, dass wir diese Gewohnheit beibehalten. Wenn Sie jedoch ein Buch lesen, in dem es nicht um Handwerk geht, mit der Absicht, es als Lehrmittel zu verwenden, können Sie auch viel lernen. Lerne davon. Machen Sie eine doppelte Lektüre. Trennen Sie, was funktioniert und warum es funktioniert, damit Sie seinen Erfolg wiederholen können. Nutzen Sie die besten Abschnitte, indem Sie sich Notizen machen (oder in einem Notizbuch, Sie Goody Goody) und daraus lernen. Ein Buch zu finden, das Ihnen hilft, Ihre Ziele zu erreichen, ist ideal. Es ist kein Plagiat, wenn das Ziel darin besteht, zu lernen. Es gibt viele Bücher in den Regalen, die als Lehrer dienen können.

Sei dein eigener Feind

Als letzter Punkt kann es hilfreich sein, die eigene Leistung kritisch zu hinterfragen. Gibt es normalerweise einen Beta-Leser, der Freude daran zu haben scheint, Sie niederzureißen? Diese Person in der Kritikergruppe, die bei jedem Argument immer die andere Seite zu vertreten scheint ? Wem geben Sie die Schuld, wenn Ihre Arbeit vom Lektor geschreddert wird, egal wie ausgefeilt sie ist? Versuchen Sie, sich in dieser ersten Phase in ihre Lage zu versetzen. Denken Sie an all die negativen Dinge, die die Leute sagen könnten, besonders in Bezug auf den Teil, mit dem Sie Probleme haben. Hören Sie hier nicht auf; Beantworten Sie ihre Bedenken, noch bevor sie es sehen. Sagen Sie nicht einfach „nein, aber ich will es so“, sondern gehen Sie damit um. Einige dieser Faktoren scheinen nichts mit Ihrem Hauptpunkt der Stagnation zu tun zu haben, aber sobald sie angepasst sind, werden Sie feststellen, dass sie einen direkten Einfluss darauf haben, wie Sie sich lösen können. Wenn Sie einen Domino verschieben, ziehen normalerweise die anderen nach.

www.ingramcontent.com/pod-product-compliance
Lightning Source LLC
LaVergne TN
LVHW010556160826
845677LV00013B/3144

* 9 7 9 8 8 4 9 0 6 6 6 6 0 *